고독의
작은 열매들

Some Fruits of
Solitude

고독의
작은 열매들

초판 1쇄 발행   2024년 9월 20일

원제   Some Fruits of Solitude
지은이   윌리엄 펜
옮긴이   정명진
펴낸이   정명진
디자인   정다희
펴낸곳   도서출판 부글북스
등록번호   제300-2005-150호
등록일자   2005년 9월 2일
주소   서울시 노원구 공릉로63길 14, 101동 203호(하계동, 청구빌라)
           (139-872)
전화   02-948-7289
전자우편   00123korea@hanmail.net
ISBN   979-11-5920-166-0 03190

고독의
작은 열매들

Some Fruits of
Solitude

윌리엄 펜 지음 정명진 옮김

편집자의 소개 글

펜실베이니아 식민지를 개척한 윌리엄 펜(William Penn)[1]은 탁월한
영국 제독인 윌리엄 펜(1621-1670) 경의 아들이다. 그는 1644년에 태
어났다. 소년 시절에는 경건과 체육에 대한 관심이 두드러졌다.

윌리엄 펜은 비국교도라는 이유로 옥스퍼드 대학에서 제적되었다.
대학교를 떠난 뒤에는 유럽 대륙을 여행하고, 해군에서 복무하고, 법
을 공부하였다. 1667년에 퀘이커교 신자가 되었으며, 이듬해에는 당
시의 정통파 신념을 공격했다가 런던 타워에 갇히기도 했다.

감금 생활을 하는 동안에, 그는 자기희생에 관한 유명한 논문 '시련
없이는 영광도 없다'(No Cross, No Crown)를 썼으며, 풀려난 뒤에도
이따금 투옥을 겪었다. 그러다가 최종적으로, 당시에 박해 받던 친우

---

1 윌리엄 펜은 이름이 아버지의 이름과 동일하다.

(親友)들[2]의 피난처로 떠오르던 아메리카 대륙으로 관심을 돌렸다. 1682년에 그는 자신에게 이스트 뉴저지와 펜실베이니아의 영주이자 총독이라는 타이틀을 안겨준 칙허(勅許)를 얻어냈다. 이어 종교적 관용을 바탕으로 식민지를 위한 헌법을 작성한 뒤에 식민지를 향한 항해에 나섰다. 2년 뒤에 그는 영국으로 돌아왔다. 그가 아메리카에 머문 2년 사이에, 식민지의 인구는 영국뿐만 아니라 독일과 네덜란드, 스칸디나비아에서 온 이민자들로 인해 급속도로 증가했다. 그는 당시에 종교적 관용을 강조하던 제임스(James) 2세(1633-1701) 영국 국왕이 그 문제에 진심일 것이라고 믿고 그와 협의를 하였으나, 오히려 그것이 그의 동기와 성격에 대한 오해를 많이 낳는 계기가 되고 말았다.

1688년 명예혁명 당시에 그는 자코바이트[3]로 여겨졌으나, 최종적으로 윌리엄(William) 3세(1652-1702)의 호의를 얻어 설교와 글쓰기 작업을 재개할 수 있었다. 1699년에 다시 아메리카로 건너왔으며, 이번에는 거기에 영원히 남을 작정이었다. 그러나 2년 뒤에 식민지를 직할 식민지로 전환하려는 움직임에 반대하기 위해 고국으로 돌아갔다. 앤(Anne) 여왕(1665-1714)이 그를 호의적으로 맞았으며, 그는 1718년에 죽음을 맞을 때까지 영국에 남았다.

펜의 방대한 글은 대개 논쟁적이며, 종종 더 이상 중요하지 않게 된 이슈들에도 관심을 보인다. 그러나 퀘이커교의 가르침에 대한 해석과 옹호는 여전히 높이 평가 받고 있다. 여기 다시 인쇄하는 『고

---

2   퀘이커교에서는 신자들을 친우라고 부른다.

3   1688년에 프랑스로 망명한 제임스 2세 지지자를 일컫는다.

독의 작은 열매들』(Some Fruits of Solitude)은 인간 삶에 대한 명쾌한 통찰의 보고(寶庫)이다. 펜의 심오한 통찰은 벤저민 프랭클린(Benjamin Franklin)의 예리한 상식과 존 울면(John Woolman)의 영적 고양을 결합시킨 듯하다.

차례

1부

/

서문

/

독자 여러분!

지금 당신 앞에 놓인 이 자그마한 안내서는 고독의 결실이랍니다. 고독은 어느 누구보다 우리를 더 잘 가르칠 수 있는 학교 같은 것인데도, 거기서 배우려는 사람은 거의 없지요. 이 책에 담긴 생각들 중 일부는 진지한 고찰의 결과물이고, 또 일부는 번득이는 순간의 통찰이지요. 그 생각들을 나 자신을 위해 글로 적었습니다만, 지금 다른 사람들에게도 도움을 드리고자 책으로 엮습니다.

나에게 고독을 누릴 기회를 주신 하나님에게 감사드리며, 나를 고독으로 이끈 그 부드러운 손길에 입을 맞추고 있습니다. 고독이 많은 사람들에게 쓸모없는 것으로 보일지 모르지만, 나에게는 절대로 그렇지 않습니다.

지금 나에게는 온전히 나의 것이라고 부를 수 있는 시간이 있습니다.

전에는 시간은 내가 절대로 주인이 될 수 없는 그 무엇이었지요. 나는 나 자신과 세상을 차분히 살펴면서, 내가 표적을 정확히 맞힌 곳은 어디이고 표적을 놓친 곳은 어디인지를 확인했지요. 또 내가 할 수 있었는데 못한 것은 무엇이며, 내가 더 잘할 수 있었던 것은 무엇이었는지, 또 내가 피할 수 있었던 것은 무엇이었는지를 볼 수 있었지요. 또한 타인들, 그러니까 사회와 정부, 가족, 개인들의 태만과 과잉도 관찰할 수 있었답니다.

인생을 다시 살 수 있다면, 나는 하나님의 은혜 덕분에 지금보다 하나님과 이웃과 나 자신을 훨씬 더 잘 돌볼 수 있을 것이라고 진정으로 생각하지만, 늦은 때란 결코 없는 법이지요. 그리고 나는 세상에서 가장 악한 인간도 아니고 가장 게으른 인간도 아니고 가장 늙은 인간도 아닙니다. 내가 이런 말을 하는 이유는 당신이 지금이라도 당신의 것으로 남아 있는 시간을 조금도 낭비하지 않도록 고무하기 위해서지요.

세상에 시간만큼 헛되이 쓰기 쉬운 것도 없으며, 시간만큼 조심스럽게 다뤄야 하는 것도 없습니다. 세상에서 시간을 들이지 않고 할 수 있는 일은 아무것도 없으니까요. 시간은 우리가 가장 필요로 하는 것인데도, 정말 안타깝게도, 우리가 가장 형편없이 쓰고 있는 것이기도 하지요. 주어진 시간이 더 이상 없을 때, 틀림없이 하나님은 우리를 대단히 엄하게 평가하실 것입니다.

시간 활용은 이 세상뿐만 아니라 다음 세상을 위해서도 우리에게 대단히 중요합니다. 그렇기 때문에 나는 당신으로부터 주어진 시간을 갖고 할 수 있는 것이 무엇인지를 놓고 고민하는 그 이상으로 훌륭한 것을 기대하지 않습니다. 당신은 당신의 시간을 어떻게, 무슨 목적으로 쓰시렵니까? 시간에 대한 대가로 당신은 하나님과 당신의 이웃, 당신 자신에게 무엇을 안기시렵니까? 혹시 당신은 시간을 기록하는 회계 장부를 절대로 비치하지 않으실 생각입니까? 시간을 잘 활용하는 것이야말로 인생에서 가장 위대한 지혜이자 과업인데도 말입니다.

이 세상에 태어나서 세상과 그 세상 속의 우리 자신을 진정으로 즐기지 못하고 삶을 헛되이 낭비하는 것은 정말로 개탄스러운 일이 아닐 수 없습니다. 생각이 깊은 사람이라면 이 세상에 대해 곰곰 생각하는 것만으로도 도움을 얻을 것입니다. 그리고 열등한 생명체들은 절대로 인간만큼 생각하지 못하기 때문에, 만약에 생각을 제대로 하지 못한다면, 우리는 불가피하게 자신이 운명적으로 누리게 되어 있는 수준 그 이하로 떨어질 수밖에 없습니다. 가장 소중한 시간을 어떻게 활용할 것인지를 놓고 깊이 고민하지 않는다면, 틀림없이 그런 일이 벌어지고 말 것입니다.

그 문제에 대해 생각한다면, 우리가 진지하게 받아들이고 활용하고 있는 것이 거의 없다는 사실이 너무도 분명하게 드러날 것입니다. 우리는 자연적이거나 영적인 하나님의 행위들을 거의 이해하지 못하고 있습니다. 우리는 그릇된 지식을 추구하고 있으며, 교육을 극도로 오해하고 있습니다. 격한 감정은 우리가 과도하게 행동하도록 하고, 그러면 우리는 생애 내내 혼란을 겪으며 무질서한 상태에서 지내게 되지요.

우리 인간은 자신에게 축복으로 주어진 것을 짐으로 만들어 버립니다. 우리는 자기 자신에게나 타인들에게 거의 위안이 되지 못하고 있습니다. 우리는 진정한 행복이 무엇인지도 알지 못하고, 따라서 생명이 추구하는 것을 놓치고 행복한 삶에 이르는 길을 놓치고 있지요. 걸음을 멈추고 옆으로 조금만 비켜서서, 세상 속의 소란스런 군중과 일을 그르치는 조급증으로부터 벗어나서 사물들을 차분하게 바라볼 수 있게 될 때까지, 우리 자신에 대해 옳은 판단을 내리거나 우리가 처한 비참한 처지를 아는 것은 불가능하지요. 그러나 정직한 평가가 이뤄지기만 하면, 우리는 세상이 대개 미쳐 있다는 사실을, 또 우리가 세상 속에서 일종의 광기에 사로잡혀 있다는 사실을 깨닫기 시작할 것입니다.

젊었든 늙었든, 당신의 과거 삶의 낱장을 넘기며 반성하기에 너무 이르거나 너무 늦었다고 생각하지 않기를 바랍니다. 여기 실린 글 중 어느 한 단락이라도 당신에게 절실히 다가온다면, 바로 거기서 지금까지의 당신을 내려놓도록 하십시오. 이 세상의 삶과 다음 세상의 삶을 위해서, 남은 시간을 미래의 행동을 통해 과거의 실수를 바로잡는 일에 쏟으라는 뜻입니다.

과거를 다시 고쳐 사는 경우에 어떻게 살 것인지 그림이 그려진다면, 당신의 남은 삶 내내 꼭 그 그림대로 살도록 노력해야 합니다. 우리 인간의 결심은 과거의 오류에 대해 깊이 생각하는 바로 그 시점에는 대단히 강해 보입니다만, 정말 안타깝게도, 결심은 우리가 새로운 유혹을 맞닥뜨릴 때마다 속절없이 허물어지는 경향을 보이지요.

나는 당신에게 확실한 본보기 같은 것을 제시하는 척 가장하지 않습니다. 나의 임무는 겉치레가 아니라 사랑이기 때문이지요. 글의 소재가 잡다하고, 글쓰기도 결코 기교가 두드러지지 않습니다. 그러나 그 글들은 당신 자신이 스스로를 들여다볼 때 기준으로 삼을 힌트들을 담고 있으며, 인생의 행로 중에서 많은 부분을 건드리고 있습니다.

당신이 부모거나 자식이거나, 군주거나 신하거나, 주인이거나 하인이거나, 독신이거나 기혼이거나, 공직자거나 일반 시민이거나, 평범한 사람이거나 특출한 사람이거나, 부유한 사람이거나 가난한 사람이거나, 번영을 누리고 있거나 성공을 누리지 못하고 있거나, 평화롭게 지내고 있거나 논란을 일으키고 있거나, 사업을 벌이고 있거나 고독에 빠져 지내거나, 또 당신의 호불호나 업무 또는 의무와 관계없이, 당신은 이 글에서 앞으로 나아갈 방향을 알려주고 당신을 이롭게 할 무엇인가를 발견할 것입니다. 당신의 주목을 받을 가치가 있는 것은 가슴에 간직하며 더욱 향상시키고 나머지는 다 무시해도 됩니다. 가슴에 간직하게 된 그것을 하나님의 선한 의지로부터 당신을 비롯한 모든 피조물들에게 온 것으로 여기면 좋겠습니다.

1. 무지

1

이 세상에 태어나 평생을 살다가 자기 자신에 대해, 또 자신이 몸담고 살았던 세상에 대해 아무것도 모른 채 세상을 떠나는 사람들이 얼마나 많은지, 정말로 안타까운 일이 아닐 수 없다.

2

원저 성[4]이나 햄턴 코트 궁[5]을 구경하러 간다면, 그런 저택의 아름다움과 영광을 이루고 있는 위치와 건물, 정원, 분수 등을 두루 감상하며 기억하지 않는 것이 오히려 더 이상하지 않은가? 그런데도 정작자기 자신에 대해서 아는 사람은 극히 드물다. 아니, 정신의 집이자 세상에서 가장 신비한 구조인 육체에 대해서만, 말하자면 살아서 걸어 다니는, 영혼의 임시 거처에 대해서만 모르는 것이 아니다. 그 육체의 바탕이 되고 육체에 영양을 공급하는 이 세상에 대해서도 모르긴 마찬가지이다. 세상을 알면 즐거움뿐만 아니라 유익함도 상당한데 말이다.

이 세상을 아는 것은 틀림없는 이익이다. 그 점에 대해서는 누구도 의심하지 못한다. 신의 영역에 속하는, 인간의 눈에 보이지 않는 것

---

4   영국 버크셔 주 원저에 위치한 성. 정복왕 윌리엄 시대인 11세기에 지어졌다.

5   템스강의 리치먼드에 위치한 옛 궁전으로, 14세기에 지어졌다.

도 우리의 눈에 보이는 것들을 통해서 모습을 드러내게 되니 말이다. 따라서 우리가 정직한 눈으로 세상을 자주, 또 깊이 들여다보면, 위대하고 사려 깊은 만물의 창조주인 신에 대한 인간의 의무를 읽어낼 수 있다.

3

세상은 분명 자연적인 것들로 구성된, 한 권의 위대하고 장엄한 책이다. 이 세상은 보다 나은 어떤 세상의 상형문자로 적절히 묘사될 수 있다.

그런데 어쩌나, 세상이라는 책 중에서 우리 인간이 진지하게 넘긴 페이지가 거의 없으니! 청년들을 교육시킬 때, 당연히 자연의 세계에 초점을 맞춰야 한다. 생업을 가져야 할 나이인 스무 살이 되어도, 젊은이들이 자신이 살고 있는 세상에 대해 아는 것이 거의 없거나 전혀 없으니, 이 얼마나 심각한 문제인가?

2. 교육

4

아이를 한 사람의 인간으로 성장시키려고 노력하지 않고, 학자로 만들려고 애쓰다니! 배움의 진정한 표시인 이해력을 배양시키지 않고 공허한 단어들만 암송하도록 강요하다니!

5

아이들에게 가장 먼저 분명하게 다가오는 것이 손으로 만질 수 있는 물질의 세계인데도, 우리는 이 물질의 세계를 아이들을 위한 기본적인 가르침으로 담아내지 못하고 있다.

6

아이들의 기억력을 너무 일찍부터 압박하고, 외워야 할 단어들과 법칙들을 지나치게 많이 안기며 아이들을 긴장시키고 있다. 문법과 수사법을 배우게 하고, 한두 개의 외국어를 기본적으로 익히게 하는 것이다. 이 외국어를 십중팔구 아이들은 전혀 쓰지 않을 텐데도.
그런 가운데 기계적이고 물리적인 세계, 즉 자연계를 배울 수 있는, 아이들의 타고난 재능은 개발되지 않거나 무시된 채 남는다. 이 재능이 아이들에게 평생에 걸쳐 엄청나게 유용하고 큰 즐거움을 안겨줄 것인데도, 자연과학과 실용적인 기술 교육은 아이가 스스로 감당하도록 내버려 두고 있다.

7

물론, 언어도 무시하거나 간과해서는 안 된다. 그럼에도 실용적인 관심사가 우선되어야 한다.

8

아이들은 언어의 적절한 사용에 관한 규칙을 외우는 것보다는 어느 정도의 솜씨가 요구되는 놀이 도구를 만들며 더 행복해 한다. 말하자면, 뭔가를 구상하고, 그림으로 그리고, 틀을 짜고, 만드는 일이 아이들을 더 행복하게 만든다는 뜻이다. 그런 활동은 아이들이 시간과 수고를 적게 들이고도 보다 훌륭한 판단력을 키우는 데 도움을 준다.

9

자연의 세계의 규칙은 수적으로 적고, 확실하고, 대단히 합리적이다. 자연의 세계를 공부하며 그 세계와 조화를 이루려 노력하며 사는 사람은 틀림없이 행복한 사람이다.

10

우리 인간도 자연이 시작하는 곳에서 시작하고, 자연의 속도에 맞춰 앞으로 나아가고, 자연이 끝나는 곳에서 언제나 끝내도록 하자. 그러면 누구나 훌륭한 자연주의자가 되지 않을 수 없을 것이다.

11

그런 분위기가 조성되면, 창조는 더 이상 우리에게 수수께끼가 아닐 것이다. 무수히 많은 다양한 서식 생물을 가진 하늘과 땅, 바다를 보다 잘 이해할 것이다. 하늘과 땅과 바다가 무엇을 생산하고, 언제 생산하는지를, 무엇이 하늘과 땅과 바다의 본성과 일치하고 무엇이 그것들의 본성에 반하는지를, 그리고 그것들 각각에 어떤 쓰임새와 이점, 즐거움이 있는지도 더 잘 이해할 것이다.

창조가 단지 하나의 지나가는 형태이고 우리의 타고난 감각에 지각될지라도, 그 형태를 통해서 어떤 영원한 지혜와 권능, 장엄과 선량이 우리에게 매우 분명하게 드러난다. 세상은 창조주의 흔적을 지니고 있다. 창조주의 손길은 온 곳에서 보인다. 창조주의 필체는 지혜의 자식들에게 아주 뚜렷이 읽힌다.

12

신의 창조를 더 열심히 공부하고 이해한다면, 우리는 세상의 피조물을 이용할 때 한층 더 신중하게 접근하며 보다 적절한 방향으로 나아갈 것이다.

13

위대한 창조주가 세상의 모든 부분을 통해서 우리의 얼굴을 응시하고 있다는 사실을 자각한다면, 우리 인간이 어떻게 뻔뻔스럽게 이 세상을 남용할 수 있겠는가?

14

우리의 무지가 우리를 둔감하게 만들고, 그 같은 둔감은 우리가 소중한 이 우주를 남용하도록 만든다. 보는 눈을 가진 사람들에게는 모든 곳에서, 모든 것에서 신의 흔적이 보이고, 신의 목소리가 들린다.

15

따라서 신중하고 관심이 깊은 일부 자연주의자들과 장인(匠人)들이 아이들이 학교에서 쓸 책을 라틴어로 쓰지 않았다는 사실은 유감이 아닐 수 없다. 그랬더라면 아이들이 글로 실용적인 것을 배울 수 있을 테니까. 만약 그 책들이 아이들이 흔히 접하는, 이해하기 쉬운 것들에 관한 것이라면, 아이들은 언어까지 쉽게 습득할 것이다.

16

많은 유능한 정원사들과 농부들은 자신이 하는 일의 뒤에서 작용하고 있는 이치를 잘 모르고 있다. 마찬가지로, 대부분의 유능한 기술자들도 탁월한 기량을 가능하게 하는 원칙들의 이치를 잘 모르고 있다. 그러나 신의 창조물을 연구하며 그 안에서 신의 손을 보는 자연주의자와 장인은, 만약 그들의 성실성이 그들의 고찰과 조화를 이룬다면, 그 두 가지를 잘 아는 거장들이다.

성실성과 고찰의 결합은 크게 추천할 만하며, 진정으로 성취를 이루는 자연주의자와 장인이 되려는 사람에게는 그 결합이 반드시 필요하다.

17

마지막으로, 철학자들이 들려주는 바와 같이, 인간이 이 세상의 색인(索引) 또는 축소판이라면, 우리는 자기 자신만 잘 읽어도 세상을 제대로 이해할 수 있다. 그러나 우리는 우리의 창조주의 필체에 거의 신경을 쓰지 않는다. 우리에게, 그리고 창조주가 우리에게 준 이 세상에도 창조주의 필체가 아주 뚜렷하게 남아 있는데도 말이다. 창조주의 필체는 우리가 어떤 존재인지, 그리고 어떤 존재가 되어야 하는지에 대해 가장 잘 말해준다.

우리는 심지어 자신의 재능조차 모르고 있다. 그 재능이야말로 교훈적이고 유쾌한, 자연 속의 다양성을 들여다보는 창(瓻)인데도 말이다. 바로 그 다양성이 우리가 창조주를 존경하도록 하고 그의 지혜에 감탄하도록 만들지 않는가.

3. 자만심

18

그럼에도 우리는 자신이 너무도 소중히 여기는 우리 자신을 만든 '그분'이 아니라 우리 자신이 매우 특별하다고 생각하는 경향을 보인다. '그분'이 없으면, 우리 자신을 높이 평가할 근거 자체가 아예 없어지는데도. 우리가 내 것이라고 부를 수 있는 것이 전혀 없을 것이니까. 우리 자신은 절대로 우리의 것이 아니다. 우리 모두는 임시 거주자에 불과하며, 위대한 하나님의 처분에 맡겨져 있다. 우리뿐만 아니라 우리에게 임대된 이 광활한 땅, 즉 우리가 발을 딛고 살고 있는 이 세상도 마찬가지이다.

19

우리가 자기 자신을 모르는, 따라서 우리의 창조주뿐만 아니라 우리의 생명 때문에 창조주에게 지고 있는 의무도 모르는 상태에서 살다가 죽는 것은 우리 자신에게도 정당화되지 않을 뿐만 아니라, 우리의 창조주 앞에서는 더더욱 정당화되지 않는다.

20

만약에 우리가 받은 선물의 가치가 우리의 의무를 결정하고 은혜에 보답하는 방식을 결정한다면, 선물에 대해 아무것도 모르는 경우에,

우리는 그 선물과 그것을 준 존재를 제대로 평가하는 방법을 알지 못할 것이다.

21

우리는 우리 자신에 대해 모르고 있다. 또 우리는 우리의 창조주를 평가하는 방법을 모르고 있다. 우리가 창조주의 창조를 평가하는 방법을 모르기 때문이다.

이 대목에서 우리라는 존재가 얼마나 경이롭게 만들어졌는지, 또 우리의 본성이 얼마나 복잡하게 구성되어 있는지 한번 고려해 보라. 저마다 고유의 기능과 상호 의존성을 갖고 있는 우리의 많은 신체 부위들을 보라.

소화기 계통부터 보자. 다양한 신체 기관이 있다. 우리가 전혀 의식하지 않는 가운데 어떻게 영양분이 전신으로 보급되는지, 그리고 뇌 신경계가 어떻게 이 영양분에 의해 활력을 얻으며 찰나의 순간에 신체의 모든 부위가 작동하도록 만드는지 생각해 보라.

최종적으로, 마음이 육체 안에 있듯이, 이성적인 영혼이 어떻게 마음 안에 적절한 보금자리를 틀게 되는지를 고려해 보라. 만약 능숙한 솜씨가 두드러진 이 귀한 산물을 고려하기만 한다면, 우리는 틀림없이 신의 권능과 지혜와 선량, 그리고 우리가 그것 때문에 신에게 지는 의무에 대해 훨씬 더 경건한 마음을 품게 될 것이다.

만약 우리가 자신의 영혼을 잘 알게 된다면, 말하자면 영혼의 고귀한 기능들과, 영혼과 육체의 통일성, 영혼의 본질과 운명, 그리고 우리의 전체성을 지키는 신의 섭리 등을 알게 된다면, 우리는 위대하고 선한 우리의 신을 숭배하고 우러러보지 않을 수 없을 것이다.

그러나 인간은 스스로 이상한 모순이 되어 버렸다. 그런데 그 모순은 어디까지나 인간 자신의 행동에 따른 결과이다. 우리 인간이 그런 식으로 만들어진 것이 아니라, 그런 식으로 타락했을 뿐이다.

22

우리는 심지어 우리와 동등한 인간들이 우리에게 복종하기를 원하면서도, 우리를 창조하고 우리보다 월등히 더 높은 곳에 계신 신에게는 복종하지 않는다.

23

우리 인간은 지배할 권리를 조금도 포기하지 않으려 한다. 아내에게 퉁명스럽게 대하고, 아이들을 때리고, 우리를 위해 일하는 사람들을 거칠게 다루고, 이웃들에게 엄격하고 가혹하게 군다. 그리고 어떤 모욕이든 몇 배로 갚으려 든다.

그러나 정말 안타깝게도 우리 인간은 자신이 죄인이라는 것을 망각하고 있다. 우리가 놀랄 정도의 인내심을 발휘하는 신에게 진 빚을 따진다면, 우리의 채무자들이 우리에게 진 빚보다 훨씬 더 크다. 그런데 우리는 채무자들에게 너무나 엄격하게 굴며 그들을 마구잡이로 다그친다.

24

우리는 자신의 육체를 씻기고 입히고 좋은 냄새를 풍기도록 꾸미는 일에는 매우 까다롭게 굴면서도, 자신의 영혼에는 별로 신경을 쓰지 않는다. 육체에는 몇 시간을 쏟으면서도, 영혼에는 단 몇 분도 쏟지 않는다. 육체는 1년에 새 옷을 서너 번 갈아입지만, 영혼은 언제나 낡은 옷을 걸치고 있다.

25

만약 중요한 인물을 환대하거나 접견하게 되어 있다면, 우리는 모든 것을 질서정연하게 지키기 위해서 세심하게 주의를 기울일 것이다. 총애 받기를 원하는 사람을 만난다면, 아마 사전에 준비를 엄청나게 많이 할 것이다. 그런 것에 비하면, 신을 향한 우리의 헌신은 지나치게 메마르고 형식적이고 어색하지 않은가?

26

기도하면서 "당신의 뜻이 이뤄지길!"이라고 말하지만, 그 의미는 "나의 뜻이 이뤄지길!"이다. 적어도 우리의 행동은 그런 식으로 말하고 있다.

27

신으로 시작하여 세속으로 끝나는 일이 너무 흔하다. 그러나 신은 알파(Alpha)와 오메가(Omega)[6]이며, 선한 인간의 시작이자 끝이다.

---

6 알파와 오메가는 그리스 알파벳의 첫 글자와 마지막 글자이며, 근본적인 이유이고 가장 중요한 부분이라는 뜻이다

4.사치

28

오늘날 우리의 미감(味感)이 너무 호사스러워져서 보통의 육류는 먹지도 않고 어지간한 술은 거들떠보지도 않는다. 무엇이든 최고를 먹으려 한다. 말하자면, 육체를 위해서는 최고의 요리를 준비하면서도 영혼을 위해서는 무의미하거나 썩은 것들을 잔뜩 준비하고 있다.

29

한마디로 말해, 인간은 내부에 권할 만한 것을 거의 또는 전혀 두고 있지 않은 그런 텅 빈 집에다가 모든 것을 지출하고 있다. 말하자면, 보석보다 보석을 담을 상자를, 영원한 상속보다 7년짜리 임대를 더 선호하고 있다. 이성과 이해력을 갖춘 것처럼 온갖 거만을 떨지만, 그런 불합리한 존재가 바로 우리이다.

5. 경솔

30

깊은 사색의 결여가 우리가 자초하는 수많은 불행의 원인이다. 어떤 문제를 놓고 철저히 검토한 뒤에 갖게 되는 생각이 최초의 생각과 일치하는 경우는 무척 드물다. 최초의 생각은 대체로 상당한 정도의 수정과 교정을 필요로 한다. 그러나 이런 현명한 경고도 우리가 미래에 행동하면서 사려 깊은 통찰력을 발휘하도록 하기에는 종종 충분하지 않다.

31

우리의 불행은 스스로 자초하는 것이라고 해도 무방하다. 하지 말아야 할 행동인 것을 뻔히 알면서도 여전히 그 행동을 하고 있으니….

6. 실망과 신에 대한 순종

32

우리 자신의 어리석음 때문에 일어난 것이 아닌 실망에 대해 말하자면, 그것은 우리의 신앙을 시험하는 것이거나 하늘에서 내려 보낸 교정(矯正) 같은 것이다. 만약 그 실망이 우리에게 이롭게 작용하지 않는 것으로 드러난다면, 그것은 분명히 우리의 잘못이다.

33

그런 실망에 대해 불평을 터뜨리는 것은 이롭지 않다. 정말로, 그런 행동은 우리의 창조주에게 투덜거리는 것에 지나지 않는다. 그러나 신의 뜻에 겸허하게 복종하는 마음으로 실망 속에서 신의 손을 보는 것은 우리의 물을 포도주로 바꾸는 길이고, 가장 위대한 사랑과 자비를 우리 편으로 만드는 길이다.

34

상실에 초점을 맞추면, 자신의 가슴만 혼란스럽게 만들 뿐이다. 그러나 남은 것도 과분하다고 생각하면, 화가 누그러지고 불평은 감사하는 마음으로 바뀔 것이다.

35

머리카락 한 가닥도 하나님이 모르는 사이에 땅에 떨어질 수 없을진 대, 우리 또는 우리의 재산에 생기는 일은 그것을 허용하는 신의 섭리 없이는 더더욱 일어날 수 없다.

36

제아무리 깊이 떨어지는 것처럼 보일지라도, 하나님의 팔이 떠받치지 못할 정도로 깊이 떨어지지는 못한다.

37

구세주의 수난은 끝났을지라도, 그의 연민은 끝나지 않았다. 그의 연민은 겸허하고 정직한 그의 신봉자들을 절대로 실망시키지 않는다. 그의 안에서, 신봉자들은 세상에서 잃은 모든 것보다 더 많은 것을 발견한다.

7. 불평

38

누군가가 자신의 것을 돌려달라고 요구하는데, 그때 우리가 화를 내는 것이 합당한가? 우리가 가진 모든 것은 전능하신 하나님의 것이다. 그렇다면 하나님은 필요하다면 자신의 것을 돌려달라고 요구할 수 있는 것이 아닌가?

39

하나님이 우리로부터 자신의 것을 돌려받는데, 거기에 불만을 품는 것은 배은망덕한 짓일 뿐만 아니라 부당한 처사이기도 하다. 그 불만이 배은망덕한 이유는 우리가 그것을 소유했던 시간에 대해 감사하지 않기 때문이고, 부당한 이유는 우리가 그것을 계속 간직한다면 하나님의 것을 되돌려줄 만큼 정직하지 않기 때문이다.

40

그러나 그런 관점에서, 말하자면 저급한 이 세상과 너무 동떨어진 관점에서 우리의 문제를 보는 것은 대단히 어려운 일이다. 그럼에도 그렇게 하는 것이 우리의 의무이며, 만약 그렇게 한다면, 그것은 우리의 지혜이고 우리의 영광일 것이다.

8. 결점 발견

41

우리는 타인의 결점을 매우 빨리 찾아낸다. 그러면서도 정작 본인은 타인의 충고를 쉽게 받아들이지 않는다. 우리의 약점을 보여주는 것으로서, 타인들에게서 결점을 찾는 일에는 빈틈없는 모습을 보이면서도 자신의 결점을 발견하는 일에는 꼭 한쪽 눈이 먼 듯한 모습을 보이는 것보다 더 확실한 것은 없다.

42

이웃의 행동이 비판의 대상이 될 때, 우리의 마음은 민첩하고 예리하게 움직인다. 그 마음이 너무나 엄격하고 비판적이기 때문에, 그때 우리는 머리카락 한 가닥까지 쪼갤 기세로 타인의 결점과 약점을 찾아낸다. 그러나 자신의 결점에 대해서는 거의 또는 전혀 알지 못한다.

43

이런 현상의 상당 부분은 우리 자신의 사악한 본성과 자신을 과대평가하는 경향에서 비롯된다. 우리가 자신의 문제를 돌보기보다 남의 문제를 찾아 지향 없이 떠돌아다니는 것을 더 사랑하기 때문이다. 또한 우리는 불운한 사람들을 보호하고 불행으로부터 구해주기보다는 그들에게서 결점을 발견하는 쪽을 더 선호한다.

44

타인이 불행에 봉착할 때, 어떤 사람들은 그 사람의 불행에 고소해하며 사악한 본성을 드러내며 대단히 비판적인 모습을 보인다. 생각을 어느 정도 하는 사람들은 조금 더 정의로운 모습을 보이지만, 진정으로 자비를 베푸는 사람은 거의 없다. 돈이 걸린 불행인 경우에 특히 더 그러하다.

45

어느 늙은 구두쇠가 곤궁에 처한 사람 앞에서 자신의 돈에 대해 매우 진지하게 핑계를 대다가 그만 그 사람을 혹독하게 비난하기에 이르렀다. 그러다 보니 그가 말을 채 끝내기도 전에 이미 자비는 생각할 수 없는 것이 되어 버렸다.

이 구두쇠에게 부(富)는 곧 정직의 표시였다.

그는 절망에 빠진 사람을 향해서 "빈곤은 당신이 낭비한 결과"라거나(불쌍한 인간 같으니! 마치 탐욕은 죄가 아닌 것처럼 생각하고 있으니!), "당신의 투기적인 행동의 결과이거나 큰 사업을 추구한 결과"라고 지적했다. 그러나 그 구두쇠도 똑같은 짓을 하고 싶었지만, 가장 신용할 만한 자신의 손 안에 든 거금을 풀어놓을 용기를 감히 내지 못했을 뿐이었다. 그렇게 했더라면 구두쇠에게 그 대가로 서인도 제도의 부(富)가 돌아갔을지도 모를 일이지만. 그래도 틀린 속담은 없다. 악덕은 죄를 바로잡지 못한다고 했으니.

46

남을 도와주는 따뜻한 가슴의 소유자들은 다른 사람을 비난할 자격을 갖추고 있다. 그런 사람들의 비난 외에 다른 모든 것은 잔인일 뿐이며 절대로 정의는 아니다.

9.자비의 범위

47

당신의 능력을 넘어서는 선까지 돈을 꾸어주지는 않되, 당신의 능력 안에서 돈을 꾸어주는 것을 거부하지 않도록 하라. 그 융자가 당신에게 입힐 수 있는 피해 그 이상으로 그 사람에게 도움이 될 때, 특히 더 꾸어주는 일을 기피하지 않도록 하라.

48

당신의 채무자가 성실하고 유능하다면, 당신은 이자까지 얹어서 돌려받지는 못하더라도 감사의 말과 함께 돈을 돌려받게 될 것이다. 그러나 채무자가 돈을 갚지 못한다 하더라도, 돈을 돌려받기 위해 그를 망신시키는 일은 없도록 하라. 그 돈을 잃는다고 해서 당신이 망하지는 않을 테니까. 당신은 청지기에 불과하고, 다른 존재가 당신의 소유자이고 주인이고 심판관이기 때문이다.

49

자선 행위를 많이 할수록, 당신도 더 많은 자비를 누릴 것이다. 세속에서 얻은 부를 자비롭게 베풀어 영원한 보물을 얻는다면, 당신의 투자는 무궁하다. 당신은 평범한 금속을 소중한 금속으로 바꾸는 연금술사의 기술을 진정으로 발견했다는 사실을 확인할 것이다.

10. 근검절약과 관대

50

근검절약은 아낌없이 베푸는 관대와 결합하는 경우에 더없이 훌륭하다. 근검절약은 불필요한 비용을 없애주고, 관대는 그렇게 아낀 것을 곤궁에 처한 타인을 위해 내놓도록 한다.

관대한 마음이 따르지 않는 근검절약은 탐욕으로 이어지고, 근검절약이 따르지 않는 관대는 낭비로 이어진다. 이 두 가지 미덕을 적절히 갖추면, 저절로 탁월한 균형이 생긴다. 그런 균형이 발견되는 곳이 바로 행복이 꽃피는 곳이다.

51

이 균형이 보편적인 현상이 되면, 두 가지 극단, 즉 궁핍과 과잉이 해결될 것이다. 지나치게 많은 것을 소유한 사람들이 가진 것이 별로 없는 사람들에게 자신의 소유물을 내놓게 될 테니까. 그러면 양쪽이 똑같이 적정한 조건에, 그리고 세속적인 행복의 적정선에 더 가까이 다가설 것이다.

52

지나치게 심각한 빈곤과 과잉을 동시에 겪는 것은 종교와 정부 둘 다에게 치욕이다.

53

한 국가의 과잉을 제대로 평가하여 세금을 물리고, 거기서 나오는 수
입을 가난한 사람들을 위해 쓴다면, 세상에는 가난한 사람보다 빈민
구호소가 더 많을 것이고, 학자보다 학교가 더 많을 것이고, 정부도
충분히 많은 돈을 아낄 것이다.

54

환대는 그 선심의 수혜자가 가난한 사람들인 경우에 훌륭하다. 그렇
지 않다면, 환대는 과잉이나 다를 바가 없다.

11. 규율

55

가족이 서로 조화롭고 행복하게 지내기를 원한다면, 규율을 지키는 것이 가장 중요하다.

56

가족 구성원들은 모두 다른 구성원들이 자신에게 어떤 것을 기대하고 있는지를 알아야 하며, 가족 안의 모든 일은 때와 장소를 가려 행해져야 한다. 당신이 하거나 배제하는 모든 일은 반드시 하나님으로 시작하여 하나님으로 끝나야 한다.

12. 근면

57

노동을 사랑하라. 굳이 생계를 위해 노동할 필요가 없더라도, 정신적, 영적 건강을 위해서 노동은 반드시 필요하다. 노동은 육체 건강에도 유익하고 정신 건강에도 좋다. 노동은 할 일이 없어 생기는 게으름의 열매들을 예방한다. 정말로, 게으름은 없느니만 못한 것을 낳는다.

58

정원, 실험실, 작업장, 땅의 개간과 동물 사육. 이런 것들은 모두 시간적 여유가 있는 독창적인 사람들에게 유쾌하고 이로운 취미이다. 그런 활동을 하는 가운데, 사람은 좋지 않은 집단과 얽히는 것을 피하고, 자연과 대화하고, 기술을 개발한다.

자연과 기술의 다양성은 똑같이 사람의 마음과 감각을 각성시키고 즐겁게 하며, 육체와 정신의 건강을 좋게 유지하는 데 도움을 준다.

13. 자제

59

검소한 식단도 육체와 정신의 건강에 큰 도움이 된다. 그러니 먹기 위해 살 것이 아니라, 살기 위해 먹도록 하라. 살기 위해 먹는 것은 인간의 길이고, 먹기 위해 사는 것은 짐승의 길이다.

60

건강에 좋으면서도 비싸지 않은 음식을 먹도록 하라. 음식을 준비할 때는 청결에 신경을 쓰되, 지나치게 까다롭게 굴지 않도록 하라.

61

요리 설명서와 요리법이 무수히 많지만, 건전한 식욕이 그런 것들을 다 합친 것보다 더 낫다. 건전한 식욕을 돌우는 데는 힘든 노동과 절제보다 더 효과적인 것은 없다.

62

환대의 특징인 겉치레를 위해 수많은 생명들을 희생시키는 것은 잔인한 어리석음이다. 음식 자체보다 근사한 소스에 더 많은 돈을 지출하는 것은 낭비를 낳는 어리석음이다.

63

"부족하지만 않다면 잔치만큼 훌륭하다."라는 말이 있다. 그러나 만약에 과잉이 잘못이라면, 부족한 듯한 것이 확실히 더 바람직하다. 잔치는 언제나 넘치기 마련이니까.

64

식욕이 약간 남은 듯한 상태에서 식탁에서 일어설 수 있다면, 그런 당신은 식욕을 느끼지 않는 상태에서는 절대로 식탁에 앉지 않을 것이다.

65

술이 당기지 않는 상태라면, 되도록 술을 마시지 않도록 하라. 술을 마시더라도, 가능하다면 식사와 식사 사이에는 피하도록 하라.

66

술을 마시지 않을수록, 머리는 더 맑아지고 피는 더 차가워진다. 그런 상태는 당신의 육체 및 정신 건강에도 좋고, 당장 눈앞의 일에도 유익하다.

67

독한 술이라도 이따금 적은 양이라면 괜찮다. 그것이 일상의 음식보다는 의료적인 목적을 위해서라면, 또 일상적으로 마시기보다는 이따금 가슴을 활기차게 하기 위해서 마신다면 더욱 좋다.

68

가장 흔한 것들이 가장 유용하다. 이 같은 사실은 세상이라는 가족의 우두머리인 위대한 하나님의 지혜와 선량을 동시에 보여준다.

69

그러므로 자연의 질서를 뒤엎거나 사물을 무절제하게 사용함으로써 쾌락에 중독되지 않기 위해서, 창조주가 귀하게 만든 것을 지나치게 흔하게 사용하지 않도록 하라. 이 조언을 따르지 않으면, 당신에게 내린 축복이 곧 저주로 확인될 것이다.

70

"낭비하는 일이 없도록 하라."고 우리의 구세주는 말씀하셨다. 그러나 무엇이든 잘못 사용되고 있다면, 그것이 곧 낭비이다.

71

당신이 하고 싶지 않은 일을 다른 사람에게 강요하지 말 것이며, 다른 사람이 하는 행동 중에서 꼴사납고 지나치다 싶은 것이 있으면, 당신도 그 짓을 하지 않도록 하라.

72

과도한 것은 모두 나쁘지만 술에 취하는 것이 가장 나쁘다. 술에 취한 상태는 건강을 해치고, 정신을 허물어뜨리고, 인간을 무기력하게 만든다. 또 비밀을 누설하게 하고, 걸핏하면 싸우게 하고, 음탕하게 굴게 하고, 무례하게 행동하게 하고, 위험한 일에 나서도록 한다.

한마디로 말해, 술에 취한 사람은 인간이 아니다. 인간과 짐승을 구분하는 기준인 이성을 오랫동안 잃기 때문이다.

14. 의복

73

사치스러운 의복은 돈의 낭비가 따르는 또 하나의 어리석음이다. 허영심 강한 세상의 불필요한 장식만으로도 가난한 사람들 모두에게 옷을 입히고도 남을 것이다.

74

당신의 옷을 다른 사람의 눈으로 고를 것이 아니라 당신 자신의 눈으로 고르도록 하라. 평범하고 소박한 옷일수록, 더욱 훌륭하다. 꼴사나워 보이는 것도 피하고 야한 옷도 선택하지 마라. 그리고 옷을 남에게 자랑하기 위해 고를 것이 아니라, 실용과 겸손, 품위를 위해 고르도록 하라.

75

옷이란 것은 깨끗하고 따뜻하면 그만이다. 그 이상을 추구하는 것은 가난한 사람들로부터 강탈하는 짓이고, 사치스러운 사람들을 만족시키는 짓에 불과하다.

76

왕의 딸이랄 수 있는 진정한 교회는 내면이 영광스러운 것으로 여겨진다. 그러므로 우리도 교회와 영적 교감을 이루길 원한다면, 육체보다 정신을 더 열심히 보살펴야 한다.

77

온화함과 겸손이 영혼의 소중하고 멋진 옷이라는 말이 있다. 외적 의상이 덜 화려할수록, 이 내면의 옷의 아름다움이 더욱 두드러지고 찬란하게 빛난다.

78

그런 아름다움이 무척 드물고 이세벨[7]의 이마 장식 같은 아름다움이 아주 흔해졌다는 사실은 유감스러운 일이 아닐 수 없다. 이세벨의 의상이야말로 정욕을 불러일으키는 한편으로 사랑과 미덕을 저해하니 말이다.

---

7   '성경'에 이스라엘의 아합 왕의 방종한 왕비로 나온다.

15. 올바른 결혼

79

사랑을 위해서가 아니고서는 절대로 결혼하지 마라. 그러나 먼저 당신이 진짜 사랑할 만한 가치가 있는 사람을 사랑하고 있는지부터 판단하도록 하라.

80

사랑이 결혼의 중요한 동기가 아니라면, 당신은 금방 결혼 생활에 싫증을 느끼면서 언약을 저버리고 금지된 곳에서 쾌락을 추구하려 들 것이다.

81

결혼의 즐거움이 약해지도록 내버려 둘 것이 아니라, 애정을 키우도록 노력하라. 인간의 본성이란 것이 있을 때는 경시하면서도 없을 때는 갈망하는 사악한 경향을 갖고 있기 때문이다.

82

사랑은 은근하고 정욕은 변덕스럽다. 그것이 사랑과 정욕의 차이이다. 사랑은 즐길수록 더욱 커지고, 정욕은 즐길수록 시들어간다. 사랑은 영혼의 결합에서 비롯되고 정욕은 감각의 결합에서 비롯되기 때문이다.

83

사랑과 정욕은 기원이 서로 다르며, 본질도 당연히 서로 다르다. 사
랑은 안으로 향하고 깊고 지속적인 반면에, 정욕은 피상적이고 일시
적이다.

84

돈을 위해 결혼하는 사람은 결혼 생활의 진정한 만족을 누리지 못한
다. 만족을 얻는 데 필요한 수단이 결여되어 있기 때문이다.

85

사람들은 대체로 자기 자식의 품종보다 자신의 말이나 개의 품종에
더 많은 관심을 기울인다.

86

품종 개량을 위해 선택되는 말과 개는 생김새와 힘, 용기, 기질 등에
서 최고여야 하지만, 인간의 후손에 대해 말하자면, 사람들은 돈만
있으면 모든 것이 해결된다는 태도를 보인다.
돈만 충분하면, 구부러진 것도 똑바로 펴고, 사시가 있는 눈도 정상
으로 바로잡고, 광기도 치료하고, 어리석음도 덮고, 나쁜 태도도 바
꾸고, 피부도 개선시키고, 나쁜 냄새가 나는 숨결도 달콤하게 바꾸
고, 나쁜 평판도 바로잡고, 몸도 젊게 바꾸고, 성공도 거둘 수 있다는

식이다.

87

아, 그런데 인간이 얼마나 천박하게 타락해 버렸는가! 인간이, 말하자면 이 땅 위의 신 같은 존재로서 창조주의 형상으로 만들어진 가장 고귀한 피조물인 우리 인간이 이 땅을 천국으로 착각하고 황금을 신으로 숭배하고 있으니!

16. 탐욕

88

탐욕은 모든 악의 뿌리일 뿐만 아니라 괴물 중에서도 가장 무서운 괴물이다.

진료비를 아끼려다 죽은 사람을 본 적이 있다. 무슨 소리냐고? 의사에게 10실링을 진료비로 지급하고도 약국에서 약값으로 추가로 돈을 더 내야 한다. 그런데 사람의 목숨값을 20실링도 안 되는 것으로 평가한 그 사람에겐 그렇지 않았다.

돈 가방을 턱 밑까지 쌓아놓고 살면서도, 그 사람은 자신의 목숨을 구하기 위해 그 가방들 중 하나를 여는 데 따르는 아픔을 참느니 차라리 죽는 쪽을 택했다. 어쩌면 자신에 대해 전혀 아무런 가치를 지니지 않는다고 생각한 그 사람의 판단이 옳았을지도 모르겠다.

89

그 사람은 자살한 것이나 다름없으며, 그에겐 기독교식으로 매장될 자격조차 없다.

90

그런 구두쇠는 공동체에 해롭다. 강물의 흐름을 막고 있는 장애물 같은 존재이다. 그런 장애물이라면 반드시 뽑아서 물의 흐름을 자연스럽게 돌려놓아야 한다. 그 사람이 이웃들에게 주는 유일한 기쁨이 있다면, 그것은 그가 아무리 많은 돈을 갖고 있어도 그들보다 결코 더 행복하지 않다는 사실을 확인시켜주는 것이다. 그가 늘 사순절[8]을 지키고 있는 것처럼 보이니 말이다.

어떤 의미에서 보면 그 사람은 '파라오의 꿈에 나타난 야윈 암소'[9]와 비교될 수 있다. 그가 가진 모든 것이 그에게 아무런 도움이 되지 않기 때문이다. 그는 옷도 다 닳아 떨어질 때까지 입었다. 또 강도와 세금을 피하기 위해 가난한 사람처럼 꾸미려 애를 썼다. 자신을 구호금이 필요한 존재로 비치게 함으로써, 그는 가진 것을 한푼도 내놓지 않았다.

그는 시장에도 언제나 좋은 물건이 다 팔린 뒤인 늦은 시간에 갔다. 그때까지 팔리지 않은 물건들이 가장 싸기 마련인데, 그가 형편없는 물건을 사는 진짜 이유를 숨길 수 있었기 때문이다.

그는 버려지는 쓰레기로 살고 있다. 그의 삶의 방식은 다른 사람들의 기질에는 버텨내기 힘든 처벌이었지만, 그에게는 다른 사람들처럼 사는 것보다 더 심한 고통은 없었을 것이다. 그의 쾌락의 비참함은 그가 돈을 모으는 일에 절대로 만족할 줄 모른다는 사실에 있다. 그는 절대로 쓰지 않을 것을 잃지 않을까 노심초사하며 살고 있다.

---

8 재를 이마에 바르고 죄를 회개하는 '재의 수요일'부터 예수 부활 대축일 전 40일 간을 일컫는다. 이때 신자들은 광야의 그리스도를 기리기 위해 단식과 참회를 한다.

9 '출애굽기' 41장 참고.

91

삶의 길을 아무리 형편없이 잃어 버렸다 하더라도, 이건 너무 상스럽지 않은가! 하인으로 부려야 할 돈의 노예가 되어, 돈을 자신의 창조주와 버금가는 존엄을 가진 것으로 찬양하고 있으니! 돈만 아는 사람에겐 황금이 곧 신이고 아내이고 유일한 친구이니라.

92

결혼과 관련해서 현명하게 처신해야 한다. 돈보다 사람 됨됨이를, 아름다움보다 미덕을, 육체보다 마음을 보도록 하라. 그렇게 하면 당신은 진정한 배우자를, 말하자면 친구와 동료와 두 번째 자기를 한꺼번에 얻게 될 것이다. 그 사람은 당신의 모든 수고와 어려움을 기꺼이 나눠 지려 할 것이다.

93

자신의 만족과 안전과 위험을 당신의 만족과 안전과 위험을 기준으로 판단하는 사람을 배우자로 선택하라. 그런 사람이라면 당신은 아주 내밀한 생각까지 안심하고 털어놓을 수 있으리라. 그 사람은 배우자일 뿐만 아니라 친구이기도 하기 때문이다. 정말로, 그런 것이 결혼이라는 단어가 암시하는 바이다. 그런 친구가 될 수 없는 사람은 단지 반쪽의 파트너에 지나지 않는다.

94

남녀 성별 차이는 전혀 문제가 되지 않는다. 우정의 본질이 자리 잡고 있는 영혼에는 남녀 구별 같은 것은 절대로 없기 때문이다.

95

영혼을 돌보지 않고 육체에만 신경을 쓰는 사람은 결혼 관계의 보다 훌륭한 부분을 놓치고 있을 뿐만 아니라, 결혼 생활의 가장 고귀한 위안도 놓치고 있다.

96

감각의 만족은 저급하고, 짧고, 덧없다. 그러나 우리의 내적 존재는 보다 고상하고, 보다 지속적인 쾌락을 안겨주고, 이성(理性)에 근거한 행복을, 말하자면 육체를 구속하는 상황의 제약을 받지 않는 그런 행복을 안겨준다.

97

우리의 존재 중 비육체적인 부분이 바로 우리가 쾌락을 추구해야 할 곳이다. 그 부분은 아득히 멀리까지 널리 펼쳐지고, 다양한 것들로 가득하고, 영속적인 성격을 지닌 광활한 들판 같은 곳이다. 병도, 가난도, 불명예도 이 쾌락을 방해하지 못한다. 그곳이 늘 변화하는 세상의 불확실한 일들의 영향으로부터 자유로운 곳이기 때문이다.

98

마음과 영혼과 영(靈)에 초점을 맞추는 사람들은 도덕적인 삶과, 미래의 보상에 대한 확신에서 만족을 발견한다. 그들이 가장 많이 사랑하는 사람들로부터 가장 큰 사랑을 받고, 육체의 자유보다 마음의 자유를 더 많이 즐기고 더 높이 평가하기 때문이다. 그들에게는 마음을 집중할 곳이 아주 많다. 전체 우주가 있고, 가장 숭고하고 경이로운, 신의 행위와 섭리가 있고, 고대인들의 역사가 있고, 그 역사 속에 고결한 사람들의 행동과 본보기들이 있고, 그들 자신의 일과 가족이 있다.

99

그런 식으로 초점을 맞추는 가운데 관계를 가꿔 나가는 커플보다, 그 어떤 것도 더 완전하거나 솔직할 수 없으며, 그 어떤 것도 더 열성적이거나 다정하거나 정직할 수 없으며, 그 어떤 것도 더 만족스럽거나 영원할 수 없다. 그런 관계를 형성하는 것보다 더 위대한 세속적 행복은 절대로 없다.

100

남편과 아내 사이에 사랑이 아닌 다른 것이 지배해서는 안 된다. 권위는 아이들과 하인들에게 적절하다. 물론 그때도 권위는 우아하고 친절하게 행사되어야 한다.

101

사랑이 남편과 아내를 하나로 묶어야 하기 때문에, 그들이 화목하게 잘 지내도록 하는 것이 최선의 길이다.

102

배우자를 얻기 위해 7년을 섬기려 들었을 것이니[10], 지금 그런 배우자를 하인 다루듯 하지 않도록 하라.

103

서로를 사랑하며 소중히 여기는 남편과 아내는 자식들에게 그들도 그렇게 해야 한다는 것을 행동으로 보여주고 있다. 서로를 경멸하는 남편과 아내는 가족 안에서 권위를 잃고, 실제 본보기를 통해서 아이들에게 신의 명령을 어기라고 가르치고 있다.

104

아이들이 친척들에게 자연스레 정을 느끼도록 주의 깊게 이끌지 않는 것은 보편적으로 나타나고 있는 실수이다. 그 결과, 두 세대만 내려가도 친척이라는 감정을 거의 갖지 못하게 된다. 이것은 정이 깊은 부모들에게는 불쾌한 생각임에 틀림없다.

105

잦은 방문이나 선물, 친밀한 서신, 허용되는 범위 안에서의 근친 결혼 등은 자연이 친척들에게 요구하는 관심과 애착을 유지하는 방법이다.

---

10 '창세기' 29장 18절 참조.

17. 우정

106

올바른 결혼 다음으로, 우리가 바랄 수 있는 가장 위대한 쾌락은 바로 우정이다. 우정을 집에서 발견하지 못할 때(또는 우정을 발견할 집이 없을 때)는, 다른 곳에서 찾아야 한다. 우정은 영(靈)들의 결합이고, 심장들의 결혼이며, 그에 따른 미덕의 결속이다.

107

자유가 없는 곳에는 우정이 있을 수 없다. 우정은 자유로운 공기를 사랑하고, 좁고 답답한 울타리에 가둬지지 않는다. 우정은 자유롭게 말하고, 행동 또한 그렇게 하며, 나쁜 의도가 없는 곳에서는 무엇이든 절대로 나쁘게 받아들이지 않는다. 아니, 나쁜 일이 일어나더라도 우정은 약간의 사과에도 쉽게 용서하고 망각한다.

108

친구들은 영혼 속에서 진짜 쌍둥이이다. 그들은 모든 것에서 일치하고, 사랑과 혐오를 공유한다.

109

한 친구가 행복하지 않으면 다른 친구도 행복할 수 없다. 둘 중 하나만 비참할 수는 없다. 마치 몸을 바꿀 수 있다는 듯이, 그들은 상대방의 쾌락뿐만 아니라 고통까지 나눠 지면서 더없이 가혹한 역경에 처하더라도 서로를 구해낼 것이다.

110

한 친구가 누리는 것을 다른 친구가 결여할 수는 없다. 초창기의 기독교인들처럼, 그들은 모든 것을 공동으로 소유한다. 그들은 친구와 공유하지 않는 것은 절대로 갖지 않는다.

18. 친구의 자질

111

진정한 친구는 서로 흉금을 터놓고, 정직하게 충고하고, 언제든 도움의 손길을 내밀고, 과감하게 모험하고, 모든 것을 인내심 있게 견뎌내고, 용기 있게 옹호하고, 변함없는 우정을 지속적으로 지켜나간다.

112

이런 것들이 우정에 근본적이기 때문에, 우리는 친구를 선택하기 전에 그런 자질부터 먼저 발견하게 된다.

113

탐욕스럽고, 화를 잘 내고, 거만하고, 질투심 강하고, 수다스런 사람은 좋지 않은 친구, 불성실한 친구가 될 수밖에 없다.

114

한 마디로 말해, 친구를 선택할 때는 죽음이 서로를 갈라놓을 때까지 함께할 아내를 선택하듯 하라.

115

그럼에도 신이 허용하는 범위를 벗어나는 친구가 되지 않도록 할 것이며, 미덕을 통해 우정을 돈독히 하라. 그렇지 않다면, 그것은 우정이 아니라 악의 동맹일 뿐이다.

116

형제나 친척이 당신의 친구가 될 수 있다면, 이방인보다 형제나 친척을 먼저 친구로 선택하라. 그렇게 하지 않으면, 당신은 부모에게 의무를 다하지 않거나 애정을 충분히 보여주지 않게 될 것이다.

117

우정의 측면에서 친척을 더 중하게 여겨야 하듯이, 친척이 남과 똑같이 궁하고 도움을 받아야 하는 상황이라면, 자비의 측면에서도 친척을 우선적으로 생각해야 한다.

19. 신중과 품행

118

사람과 지나치게 빨리 친해지지 않도록 하라. 관계를 진정시킬 필요성을 느껴 이유를 찾다가 그만 그 사람을 훌륭한 이웃이 아니라 적으로 만들어 버릴 수도 있으니까.

119

말을 삼가되 불쾌하게 대하지 말 것이며, 진중하되 형식적이지 않을 것이며, 대담하되 경솔하지 않을 것이며, 겸손하되 비굴하지 않을 것이며, 인내심을 갖되 둔감하지 않을 것이며, 변함없되 완고하지 않을 것이며, 유쾌하되 가볍지 않아야 한다.

또 친하게 대하기보다는 친절하게 대하고, 친밀하게 대하기보다는 친하게 대하고, 극소수의 사람들하고만 아주 훌륭한 근거를 바탕으로 친밀하게 지내도록 하라.

120

타인에게 받은 호의는 반드시 갚을 것이며, 친절에 감사를 표하라.

20. 보상

121

누군가에게 피해를 입힌다면, 그 같은 사실을 방어할 것이 아니라 인정하도록 하라. 피해를 인정하는 것은 용서를 구하는 길이고, 자신을 옹호하는 것은 잘못과 배상액을 배로 키우는 길이다.

122

어떤 사람은 잘못을 인정하는 것이 명예롭지 못하다고 생각하지만, 불명예스러운 짓을 옹호하는 것은 절대로 명예가 될 수 없다.

123

아무런 잘못도 저지르지 않았으면서도 두려움 때문에 잘못을 인정하는 것은 정말 비열한 짓이지만, 잘못을 저질러놓고도 고백하지 않는 것은 야만스럽다.

124

이웃에게 해를 입힐 짓을 할 것이 아니라 이웃을 이롭게 하려고 노력해야 한다. 그리고 당신 자신을 옹호하려 들 것이 아니라, 이웃의 만족에 대한 판단은 이웃 본인에게 맡기도록 하라.

125

진정한 명예는 잘못을 또 다른 잘못으로 정당화하는 데 있는 것이 아니라, 피해를 세 배로 갚는 데 있다.

126

그런 논란이 빚어지는 경우에, 어떤 사람들은 흔히 "양쪽 다 똑같이 잘못했어!"라고 말한다. 그러면서 그들은 자신이 그 문제에 개입하지 않는 것에 대해 변명하고 있는데, 그것은 상스러운 중립이다.
또 다른 사람들은 그런 상황 앞에서 "둘 다 똑같아!"라고 외친다. 그렇게 함으로써 그들은 피해를 입은 사람을 죄를 지은 사람과 얽으면서, 잘못한 쪽에 유리한 방향으로 문제를 해결하거나 피해를 입은 사람을 불공평하게 다루는 자신의 행위를 덮는다.

127

두려움과 이익은 인간을 그릇된 길로 안내하는 부정적인 요소들이다. 이 두 가지 중 어느 하나가 지배하는 곳에서, 판단력이 훼손된다.

21. 대화의 원칙

128

이롭거나 꼭 필요한 사교 모임이 아니라면 되도록 피하도록 하라. 어쩔 수 없이 끼어야 하는 상황이라면, 말을 최대한 아끼고, 말을 하더라도 맨 마지막에 하라.

129

침묵은 지혜이고 언제나 안전하지만, 말은 어리석다.

130

다른 사람이 말하는 동안에 끼어들며 말을 끊을 만큼 어리석은 사람도 있다. 그런 사람은 대답하기 전에 먼저 듣고 생각하는 과정을 거치지 않으며, 타인이 하려는 말을 다 알고 있다는 식으로 행동한다. 그런 태도는 무례할 뿐만 아니라 어리석기도 하다.

131

말을 밖으로 뱉기 전에 두 번 생각한다면, 당신은 말을 두 배로 더 잘하게 될 것이다.

132

요령 있게 말하지 못할 바에야 차라리 아무 말도 하지 않는 것이 더 낫다. 말을 적절히 하기 위해서, 말로 표현하려는 내용이 상황에 맞고 시의적절한지 고려하라.

133

모든 논쟁에서 진리가 목적이 되어야 한다. 그렇지 않고 승리나 부당한 이해관계가 목적이 되어서는 안 된다. 그리고 당신의 상대를 폭로할 것이 아니라 상대를 설득하도록 하라.

134

진리를 옹호하는 논쟁에서 상대방에게 어떤 이점도 주지 말 것이며, 당신에게 주어진 이점은 어떤 것이든 그냥 헛되이 넘기지 않도록 하라. 이것은 당신의 감정을 잘 조절하는 경우에 따르는 혜택이다.

135

당신의 재치를 보여주기 위해서 당신 자신의 믿음에 반하는 주장까지 펴는 일은 없어야 한다. 옳은 일에 무관심해서는 안 되기 때문이다. 또 타인을 난처하게 만들거나 단순히 솜씨를 테스트하기 위해서 논쟁을 펴는 일이 있어서도 안 된다. 모든 대화의 목적은 언제나 상대방이 무언가를 알도록 하고 자신도 무언가를 아는 것이 되어야 한다.

136

대체로 사람들은 진리보다 자신의 평판에 관심을 더 많이 기울이는 경향을 보인다.

22. 웅변

137

미사여구에도 진리와 아름다움이 있지만, 그것은 좋은 목적보다 나쁜 목적에 더 자주 쓰인다.

138

웅변은 확실히 사람들을 감동시키는 매력이 있다. 매우 적절한 단어들과 자연스런 암시들을 바탕으로 직설적이거나 비유적인 언어로, 최고의 표현 방식과 형식을 동원해서 어떤 문제를 제기하는 것이 웅변이니까.

그러나 유창한 연설은 꾸밈없는 단순성과 진리를 표현하기에는 종종 지나치게 인위적이다. 위험한 것은 웅변이 판단력이 약한 사람들을, 말하자면 하녀와 여주인을 혼동하고 진리와 오류를 곧잘 혼동하는 그런 사람들을 현혹시킬 수 있다는 점이다.

139

틀림없이, 진리는 웅변에 거의 의존하지 않는다. 진리가 능변을 필요로 하지도 않고 능변을 사용하지도 않으니 말이다.

140

평범한 복장을 걸친 진리를 경멸하는 사람들이 있는데, 비난받아야 할 대상은 오히려 감각 중독 현상을 보이는 그 사람들이다.

141

방종에 빠진 그런 사람들은 그릇된 욕망을 품고 있다. 마치 배가 고프지 않은 때에도 근사한 소스를 쳐서 식욕을 느끼도록 만들며 자신의 건강이 아니라 미뢰(味蕾)[11]에 제물을 바치는 대식가들처럼. 거기에 심각한 허영이나 죄가 끼어들지 않을 수 없다.

---

11 척추 동물의 미각기(味覺器)를 말한다.

23. 기질

142

이성(理性)을 옹호하는 사람들이 냉철함을 잃지 않는 것보다 이성에 더 이로운 것은 없다. 진리가 반대자들이 내세우는 논거보다 옹호자들의 흥분으로 인해 더 많이 훼손되기 때문이다.

143

열의(熱意)는 언제나 진리의 겉모습을 따른다. 확신하는 사람들은 쉽게 뜨거워지지만, 바로 그 점이 조리(條理)가 요구되는 논쟁에서 그들의 약점으로 작용한다. 열의는 사람들이나 그들의 실수를 공격하는 데로 쏟아질 것이 아니라 죄를 공격하는 데로 쏟아져야 한다.

24. 진실

144

꼭 말을 해야 하는 상황이라면, 반드시 진실을 말하도록 하라. 애매하게 표현하는 것은 반(半) 거짓말이고, 거짓말은 지옥으로 가는 지름길이다.

25. 정의

145

합당한 근거가 없는 한, 다른 사람을 험담하는 말은 어떤 말이든 믿지 않도록 하라. 다른 사람을 해칠 수 있는 말도, 그것을 숨기는 것이 여러 사람에게 더 큰 피해를 입히지 않는다면 다른 사람에게 옮기지 않도록 하라.

26. 비밀

146

비밀을 알아내려고 애쓰지 않는 것은 현명하고, 비밀을 누설하지 않는 것은 정직하다.

147

오직 당신 자신만을 굳게 믿어라. 그러면 누구도 당신을 배신하지 않을 것이다.

148

과도한 솔직은 악의가 아니더라도 배반의 씨앗을 품고 있다.

27. 비위 맞추기

149

단지 다른 사람의 비위를 맞추기 위해 동의하는 일은 없어야 한다.
그런 행위가 아첨일 뿐만 아니라, 종종 거짓이고, 저급하고 자유를
결여한 마음을 드러내기 때문이다.

또한 다른 사람을 화나게 하기 위해 반대하는 일도 없어야 한다. 그
런 행위가 나쁜 기질을 보여주고 화를 내게 만들 뿐, 누구에게도 이
롭지 않기 때문이다.

28. 계략

150

당신 자신을 변명하기 위해서 남을 비난하는 일은 없어야 한다. 그런 행동은 고상하지도 않고 정당하지도 않다. 교활과 거짓이 아니라 성실과 정직이 당신의 방책이 되도록 하라. 간사함은 속임수와 아주 가깝기 때문이다.

151

지혜는 절대로 잔꾀를 이용하지 않을 뿐만 아니라 그런 것을 필요로 하지도 않는다. 잔꾀와 지혜의 관계는 원숭이와 사람의 관계와 비슷하다.

29. 이기심

152

이기심은 원칙만큼이나 확실히 사람의 행동을 지배한다. 그럼에도 이기심에는 원칙에 있는 미덕이 전혀 없다. 일반적으로, 이기심이 원칙보다 더 확실하다. 사람들이 이기심을 좇으며 친척과 종교까지 일상적으로 버리고 있으니 말이다.

153

가문과 신앙, 기질이 다 다른 사람들이 서로의 이익이 부합하는 경우에 각자의 가문과 신앙, 기질을 무시하고 서로 결합하는 것은 이상한 광경이지만, 매우 확실하다.

154

우리 모두는 각자의 감각에 의해 세상과 묶여 있다. 자신의 이익이 위태로워질 때, 세속적인 사람들은 그 이익을 위해서라면 다른 고려 사항들을 포기할 것인지에 대해 묻는 여유조차 보이지 않는다.

30. 진리 추구

155

널리 퍼져 있는 오류들을 조심하라. 그런 것들에 동의할 때나 반대할 때는 똑같이 합당한 근거가 반드시 있어야 한다.

156

조사하고 의문을 품는 것은 인간의 일이지만, 맹목적으로 복종하는 것은 동물에게나 어울리는 행동이다. 진리는 조사와 의문에 의해서는 조금도 훼손되지 않지만, 종종 맹목적인 복종에 의해 고통을 겪는다.

157

가장 유용한 진리들은 가장 평범한 것들이다. 진리에 초점을 맞추고 그것을 실천하려고 노력하는 한, 인간들 사이의 차이는 절대로 두드러질 수 없다.

158

끝없이 의문을 표하는 데에 방종이 있고, 맹목적 신뢰에 어리석음이 있다. 이 두 가지 극단을 피하는 것이 위대한 지혜이다.

31. 적절한 시기

159

어떤 일이든 부적절하게 처리하지 않도록 하라. 어떤 사람들은 재치 있고, 친절하고, 냉철하고, 격렬하고, 협동적이고, 의지가 굳고, 시기 하고, 공평하고, 신중하고, 자신감 넘치고, 폐쇄적이고, 개방적이지 만, 이 모든 특성들이 엉뚱한 때와 장소에서 일어난다.

160

어떤 것이 적절한지 여부는 현재의 맥락에서 중요한 것이 무엇인지 에 좌우된다.

161

어떤 일이 행동으로 옮기기에 적절하지 않다면, 그 일은 받아들이기 에 충분하지 않다. 그 일이 정당한 때조차도, 만약 그것이 분별있는 일이 아니라면, 그것은 절대로 권할 만하지 않다. 얻음으로써 잃을 수 있는 사람이라면 차라리 잃는 것이 더 낫다.

32. 지식

162

현명한 사람에게 지식은 보물이지만, 지혜는 보물 출납관이다.

163

지혜보다 지식을 더 많이 갖춘 사람은 자신보다 타인에게 더 이로운 존재이다.

164

식욕은 큰데 소화력이 약하다면, 절대로 건강한 체질이 될 수 없다.

165

걸어 다니는 사전이라 불리는 사람들이 있다. 필요할 때마다 들여다 볼 수 있어 좋지만, 그들은 맥락이 전혀 없고 재미있는 구석도 거의 없는 사람들이다.

166

지식보다 지혜가 더 큰 사람은 지식만 많고 지혜롭지 못한 사람보다 언제나 더 유리한 위치에 선다.

167

현명한 사람은 자신이 배운 것을 자신의 것으로 만들지만, 지식만 갖
추고 있는 사람은 하나의 사본이거나 기껏해야 하나의 컬렉션에 지
나지 않는다.

33. 재치

168

재치는 생각을 표현하는, 적절하고 인상적인 방법이다.

169

생생하고 다채로움에도 불구하고, 재치가 알찬 내용까지 담는 경우는 흔하지 않다.

170

바로 그런 점 때문에, 재치는 진지한 문제보다는 오락에 더 잘 어울린다. 재치가 지혜에 비해서 즉흥적인 생각에 더 많이 의존하기 때문이다.

171

지혜가 재치보다 적은 것은 배의 바닥짐보다 돛이 더 많은 것과 비슷하다.

172

그럼에도 나는 재치가 양식(良識)에 예리함을 더하고 양식을 더욱 매력적이게 만든다는 점을 인정한다.

173

지혜가 그것을 표현하는 재치까지 갖춘 곳에서, 최고의 웅변가가 태어난다.

34. 부모 공경

174

당신이 부모가 되었을 때 자식이 당신을 따르기를 원한다면, 먼저 당신부터 자식으로서 부모를 따르도록 하라.

175

당신은 부모님께 은혜를 입고 있으며, 부모님은 당신을 훈육할 권리와 의무를 진다.

176

신 다음으로 부모다.

177

당신이 부모님에게 진 빚은 당신이라는 존재만이 아니다. 그것보다 더 큰 빚은 부모님이 당신에게 쏟은 사랑과 보살핌이다.

178

그래서 아이들의 반항은 하나님의 법에 죽음으로 다스려졌다.[12] 그것은 만물의 부모인 신을 부정하는, 어른들의 우상 숭배와 가장 가까

12 '출애굽기' 21장 15절 참고.

운 죄이다.

179

부모님을 공경하는 것은 우리의 의무일 뿐만 아니라 우리의 최고 이익과도 부합한다. 부모님으로부터 우리의 생명을 받았다면, 우리는 부모님을 공경함으로써 그 생명을 연장시킨다. 공경이 약속 있는 첫 계명이니까[13].

180

부모의 은혜에 감사할 의무는 혈연관계만큼이나 영속적이다.

181

부모를 공경하기 위해 신을 공경하지 않는 일은 없어야 한다면, 적어도 부모님이 우리가 다른 이유로 그들을 공경하기를 거부하는 것이 아니라는 점을 알도록 해 줘야 한다. 몇 가지 부당한 명령이 우리가 전반적으로 의무를 등한시하는 태도에 대한 변명은 결코 될 수 없기 때문이다.

그들은 우리의 부모님이고, 우리는 누가 뭐래도 그들의 자식이다. 우리가 신에 맞서며 부모님을 위할 수 없다면, 우리는 우리 자신이나 그 외의 다른 것을 위해서 부모님에게 반하는 행동을 할 수 없다.

---

[13] '출애굽기' 20장 12절 참고.

35. 태도

182

어떤 일에서든, 자신의 평화를 진정으로 사랑하는 사람이라면 많은 모욕을 참아낼 수 있어야 한다.

183

편안한 마음으로 지내기를 원한다면, 우리가 보는 모든 것을 다 본 척해서는 안 된다.

184

논쟁의 여지가 있는 모든 것을 붙들고 언쟁을 벌이자면, 다툼은 아마 끝없이 이어질 것이다.

185

복수심에 불타는 기질은 타인을 불안하게 만들 뿐만 아니라, 그런 기질을 소유한 사람 본인의 마음의 평화도 깨뜨린다.

36. 약속

186

약속은 가능한 한 하지 않도록 하되, 한 번 한 약속은 합당하다면 반드시 지켜야 한다.

187

성급한 맹세도 서약의 성격을 지니니까, 마찬가지로 되도록이면 피하도록 하라.

188

어떤 사람은 "다시는 이런 짓을 안 할 거야."라고 말하지만, 돌아서서 그 짓을 다시 한다. 또 다른 사람은 "나는 이것을 하기로 마음을 먹었어."라고 말하지만, 금방 생각이 바뀌고 결심이 시들해진다. 그렇지 않으면, 그 사람은 오직 자신이 한 약속을 지키기 위해서 그 말을 행동으로 옮기지만 일을 처리하는 것이 아주 어설프다. 마치 약속을 깨뜨리는 것이 약속을 형편없이 지키는 것보다 더 나쁘다는 듯이.

189

당신 자신의 사슬로 스스로를 묶는 일은 없도록 하고, 자유로운 동안에는 맘껏 자유를 누리도록 하라.

190

열정은 제대로 실행할 수 없는 결심을, 또 실행하는 경우에 일을 그르칠 수 있는 결심을 남발하도록 만든다. 그것을 바로잡는 것이 지혜이다.

37. 성실

191

가능한 한, 의무가 따르는 과제는 맡지 않도록 하라. 그러나 어떤 과제든 일단 맡았으면 최선을 다해 완수하라. 경솔이 부당하지는 않더라도 타인에게 피해를 입힐 수 있기 때문이다.

192

종업원의 명예는 성실에 있으며, 거기엔 근면과 신뢰가 반드시 포함된다.

193

성실은 노예를 자유의 몸으로 만들고, 하인을 아들과 딸로 입양되도록 한다.

194

훌륭한 종업원에게는 보상을 충분히 해 주고, 당신에게 어려움을 안길 나쁜 종업원은 멀리하라.

38. 주인들에게

195

친절과 권위를 적절히 섞고, 엄격함보다는 분별력으로 지배하라.

196

하인이 잘못을 저지르면, 억제되지 않은 감정을 드러낼 것이 아니라, 잘못을 깨닫도록 해 주라.

197

당신의 하인도 당신의 동료 인간이라는 사실을 기억하라. 또 당신의 우수함이 아니라 신의 선량이 당신을 그들과 다른 위치에 놓았다는 것을 기억하라.

198

당신의 아이들이 하인들에게 권력을 행사하지 않도록 가르치고, 또 당신의 하인도 당신의 아이들을 무례하게 대하지 않도록 가르쳐라.

199

풍문으로 들리는 소문은 가급적 무시하되, 어떤 문제가 주의를 요구하는 경우에는, 그 일로 고통 받는 사람들이 불만을 토로하도록 분위기를 조성하고, 훼손된 그들의 현실을 바로잡아 주도록 하라.

200

아이는 당신의 하인에게 명령할 것이 아니라 부탁해야 하며, 하인은
복종이 요구되지 않는 상황에서도 그 부탁을 들어줘야 한다.

201

가족 안에는 한 사람의 주인과 여주인이 있어야 하지만, 그럼에도 하
인들은 아이들이 그 가족의 상속자라는 것을 알아야 한다.

39. 하인들에게

202

주인의 아이들의 내면에 도사리고 있는 부적절한 욕망을 충족시키지도 말고, 적절한 욕망을 거부하지도 마라. 전자는 최악의 형태의 불성실이고, 후자는 신중하지도 않고 정중하지도 않은 행동이다.

203

당신의 일을 정직하고 즐겁게 하라. 일을 다 끝내고 나면 동료들을 도와주라. 그러면 당신이 도움의 손길을 필요로 할 때 동료들이 기꺼이 돕고 나설 것이다.

204

훌륭한 하인이 되기를 원한다면, 무엇보다 진실해야 한다. 주인을 속인다면, 절대로 진실할 수 없다.

205

당신은 여러 가지 방법으로, 말하자면 시간과 정성, 수고, 돈, 신뢰 등으로 주인을 속일 수 있다.

206

진실한 하인들은 그와 정반대이다. 그들은 근면하고, 주의 깊고, 신뢰할 만하다. 그들은 소문을 퍼뜨리지도 않고, 비밀을 누설하지도 않고, 최선을 다하고, 어떤 어려움도 마다하지 않는다. 그들은 이익의 유혹에 넘어가지도 않고, 두려움 때문에 부정직한 모습을 보이지도 않는다.

207

그런 하인들은 주인을 섬기면서 하나님을 섬긴다. 그들은 자신의 일로 급여를 두 번, 말하자면 한 번은 이승에서, 또 한 번은 내세에서 받는다.

40. 불신

208

근거 없는 공상으로 인해 타인을 불신하는 일은 없어야 한다. 그것은 어리석기 짝이 없는 짓이다. 반면에 근거 있는 불신은 현명하다.

209

다른 사람이 하는 일에서 늘 불순한 동기를 발견하려 드는 사람은 그 사람을 해칠 뿐만 아니라 자기 자신까지 속인다.

210

일을 하면서 지나치게 교활하고 지나치게 의심을 품는 것은 지나치게 신뢰하고 지나치게 확신하는 것만큼이나 해롭다.

211

그런 식으로 불신하는 사람들은 어려운 상황에 처하면 두려움의 지배를 받는다. 그들은 문제를 해결하며 우유부단한 모습을 보인다.

212

경험은 안전한 안내자이며, 실용적인 마음은 모든 행동에서 큰 이점으로 작용한다.

41. 후손

213

우리는 후세에 너무 무관심하다. 그러다 보니 다음 세대가 우리 아이들의 됨됨이에 좌우된다는 생각은 절대로 하지 않는다.

214

세상을 바꾸길 원하면, 먼저 우리 자신부터 고쳐야 한다. 그리고 아이들에게 우리처럼 되라고 가르칠 것이 아니라 그들이 추구해야 할 모습을 가르쳐야 한다.

215

사람들은 자신을 본보기로 삼아 자식들의 열정을 일깨우려는 경향을 아주 강하게 보인다. 그러면서 자식들에게 가장 훌륭한 것에 만족하라고 가르치지 않고, 가장 즐거운 것에 만족하라고 가르친다.

216

우리 아이들의 내면에 있는 그런 열정으로부터 아이들을 보호하는 것이 우리의 의무가 되고 우리의 관심사가 되어야 한다. 그 열정은 보다 구체적으로 보면 우리 자신의 약점이자 고통거리이다. 어쨌든, 우리는 대체로 우리 자신뿐만 아니라 우리 아이들도 책임져야 한다.

217

이 측면에서도, 우리는 세상의 자연스런 질서를 완전히 뒤집어 놓고 있다. 언제나 돈이 가장 먼저이고, 미덕이 맨 마지막이고 관심을 가장 덜 받고 있으니 말이다.

218

우리는 아이들을 어떤 인간으로 남길 것인지에 관심을 두지 않고, 아이들에게 무엇을 남길 것인지에 신경쓰고 있다.

219

확실히, 많은 아이들에게 미덕은 특별한 것이 되었으며, 그들의 운명과 성격의 중요한 부분에 속하지 않게 되었다. 그 때문에, 부자들 가운데 지혜와 선량이 부(富)에 비해 터무니없을 만큼 귀하다는 사실이 확인된다.

42. 시골 생활

220

시골 생활이 더 바람직하다. 시골에서는 신의 행위를 눈으로 확인할 수 있기 때문이다. 그러나 도회지에서는 인간의 행위 외에 다른 것은 거의 보이지 않는다. 또 시골 생활은 도시 생활에 비해 우리의 명상에 보다 훌륭한 주제를 제공한다.

221

인간의 솜씨와 신의 솜씨의 관계는 꼭두각시와 어른의 관계, 인형과 어린이의 관계와 비슷하다. 인간은 이미지이고, 신은 실체이다.

222

신의 행위는 신의 권능과 지혜와 선량을 선언한다. 그러나 인간의 행위는 대부분 인간의 자만과 어리석음과 과잉을 선언한다. 신의 행위는 효용을 추구하고, 인간의 행위는 주로 과시와 욕망을 추구한다.

223

시골은 철학자의 정원이자 서재이다. 시골에서 철학자는 신의 권능과 지혜와 선량을 읽고 명상한다.

224

시골은 철학자의 양식(糧食)이자 공부이다. 시골은 철학자에게 배움을 줄 뿐만 아니라 생명력도 준다.

225

소란과 공론(空論)으로부터의 달콤하고 자연스런 도피와도 같은 시골은 숙고의 기회를 허용할 뿐만 아니라 숙고에 가장 좋은 소재까지 제공한다.

226

한 마디로 말해, 시골은 하나의 원형(原形) 같은 것이며, 시골을 이해하고 향상시키는 것은 인간의 가장 오래된 직업이자 일이며, 인간이 가장 잘 해낼 수 있는 일이다.

43. 기술과 계획

227

기술은 유익한 한에서만 훌륭하다. 현명하게도, 소크라테스는 실천을 근거로 자신의 지식과 가르침의 한계를 정했다.

228

그러므로 이론적인 구상들을 신중하게 다뤄야 하지만, 무엇이든 분별없이 경멸하거나 몇 개의 부분을 근거로 전체를 지워버리는 일은 없어야 한다.

229

창의력도 종교처럼 간혹 두 부류의 도둑 사이에서 고통을 겪는다. 한 부류는 근거 없는 주장을 펴는 자들이고, 다른 한 부류는 모든 것을 무시하려 드는 자들이다.

230

현명하지도 않고 정직하지도 않은 이론가들은 종종 새로운 발전을 신뢰하지 않는다. 그러나 가장 유익하고 특출한 발명들은 처음에 무지의 경멸을 피하지 못했다. 많은 발명가들이 머리가 깨어지거나 등이 부러지는 불행을 겨우 모면할 수 있었다.

231

실용적 지식을 낳을 것 같지 않은, 증명되지 않은 과제는 맡지 않도록 하라. 혹시 그런 과제를 떠안아야 한다면, 비용이 많이 들거나 위험한 경우에, 그것을 당신의 돈으로 감당하는 것은 피하라.

232

일손이 많으면 일이 가벼워지듯, 지갑이 많으면 실험이 싸진다.

44. 근면

233

근면은 분명히 매우 권장할 만하며, 부족한 많은 것을 채워준다.

234

인내와 근면은 믿음처럼 산까지 움직이게 할 수 있다.

235

희망이 있는 한 절대로 포기하지 않아야 하지만, 허황한 희망을 품지 않도록 하라. 그런 희망은 지혜보다는 과도한 욕망을 드러낸다.

236

해야 할 만큼 충분히 한 때를 아는 것은 유익한 지혜이다. 실현 불가능한 일에 현혹되지만 않아도 시간과 슬픔을 많이 줄일 수 있다.

45. 세속적 행복

237

당신이 소유한 것을 갖고 훌륭한 일을 하도록 하라. 그렇게 하지 않으면 당신이 가진 것은 아무런 소용이 없다.

238

부자가 되려고 노력할 것이 아니라 행복해지려고 노력하라. 부(富)는 돈 가방에 있고, 행복은 부가 절대로 주지 못하는 만족에 있다.

239

사물을 엉터리 이름으로 부르는 경향이 있다. 번영을 "행복"이라고 부르고, 역경을 "불행"이라고 부른다. 실제로 보면 역경이야말로 지혜의 학교이고, 종종 영원한 행복에 이르는 길인데도 말이다.

240

행복해지길 원한다면, 당신의 처지를 고려하고, 충분한 그 이상을 갖는 것에는 신경을 쓰지 않도록 하라.

241

할 일을 조금 갖되 그 일을 직접 하도록 하라. 그리고 남들을 대할 때는 그들이 당신에게 해 주기를 원하는 대로 해 주라. 그렇게만 한다면, 당신은 세속적인 행복을 절대로 놓칠 수 없을 것이다.

242

대체로 사람들은 물질적으로 풍요해질수록 인간성이 더 나빠진다. 사치스런 사람들은 풍요를 낭비하고, 구두쇠는 풍요를 숨긴다. 단지 선한 사람만이 풍요를 좋은 목적에 이용하는데, 물질적으로 번영하는 사람들 가운데 선한 사람은 드물다.

243

사치스럽게 살 것이 아니라 관대하게 베풀며 살도록 하라.

244

잔치를 벌이지도 말고 잔치에 가지도 말 것이며, 힘들게 노동하는 가난한 사람들이 자신의 고독한 통나무집에서 당신을 위해 축복의 기도를 올리도록 만들어라.

245

당신이 가진 것을 고의로 사용하지 않는 가운데 살아가는 일도 없어야 하고, 당신이 가진 것을 부족해질 만큼 과하게 지출하는 일도 없어야 한다.

246

성공에 취해서 주제넘게 나서는 일이 없도록 하라. 많은 것을 얻어 놓고도 조금 더 탐을 내다가 얻은 것마저 몽땅 잃어 버린 사람들이 얼마나 많은가.

247

더 많은 것을 얻기 위해 더 많은 것을 거는 태도는 지혜보다는 탐욕을 보여준다.

248

번영을 어느 선까지로 제한하고 그 번영을 그 안에서 활용하는 것은 대단한 신중이다.

249

충분히 가진 때를 아는 사람들이 너무나 드물다. 부(富)를 쓰는 방법을 아는 사람은 더더욱 드물다.

250

힘들여 얻은 것을 가벼이 버리지 않고, 자유롭게 흘러가야 하는 것을 가두어 두지 않는 것도 똑같이 현명하다.

251

당신의 이웃을 대상으로 고리대금업을 하지 마라. 또 상대가 누구든 그 사람의 무지나 낭비나 곤궁을 악용하지 않도록 하라. 그런 짓은 사기나 다름없으며, 기껏해야 저주받을 이익을 챙길 뿐이다.

252

부(富)를 좇는 탐욕이 부자들을 몰아붙이며 한계를 넘어서며 실패하도록 하거나 주변 사람들을 억압하도록 하는 것은 종종 그들에 대한 신의 심판이다. 그 같은 태도는 부자들이 가진 모든 것을 해치고, 그러면 부는 축적될 때만큼이나 빨리, 나쁜 방식으로 사라지고 만다.

46. 존경

253

돈이 많다는 이유로 사람들(당신 자신 포함)을 더 존경해서는 안 된다. 마찬가지로, 돈이 없다는 이유로 사람들(당신 자신 포함)을 얕보아서도 안 된다. 미덕이 누군가를 존경하는 정당한 근거로 유일하며, 미덕의 결여가 누군가를 경멸하는 정당한 근거로 유일하다.

254

사람은 시계처럼 행동으로 평가받아야 한다.

255

미덕이 아닌 다른 이유로 어떤 인간을 좋아하는 사람은 우상에 허리를 굽히고 있다.

256

미덕이 우리를 안내하고 있지 않다면, 우리의 선택은 잘못된 것임에 틀림없다.

257

유능하지만 나쁜 사람은 사악한 도구이며, 전염병처럼 피해야 할 사람이다.

258

사물들의 첫인상에 속을 것이 아니라, 시간을 두고 본질을 파악하도
록 하라.

259

쇼는 본질이 아니다. 현명한 사람들은 실체의 지배를 받는다.

260

그러므로 바닥짐보다 돛이 더 많은 곳을 조심하라.

47. 위험

261

모든 활동에서 위험을 피하는 것이 최선의 길이지만, 위험을 피할 수 없는 상황이라면 성급하게 굴 것이 아니라, 묵묵히 흔들림 없이 임해야 한다.

262

달리 어떻게 해 볼 수 없는 일로 스스로를 괴롭히지 않도록 하라. 그러나 무엇인가가 우리의 잘못이라면, 그런 일이 더 이상 일어나지 않도록 하라. 참회는 잘못에 대한 변상까지 요구하지는 않아도 잘못을 바로잡을 것은 요구한다.

263

모든 것을 거는 도박이 노련한 도박꾼을 필요로 하듯이, 숙고는 종종 세상에서 가장 훌륭한 기술도 회복하지 못하는 피해를 예방한다.

264

이익을 얻을 확률이 손실을 입을 확률보다 크지 않을 때, 지혜는 절대로 위험을 무릅쓰지 않는다.

265

달리면서 잘 쏘는 것도 훌륭한 일이지만, 그런 형식을 택했다는 사실 자체는 지혜보다 허영심을 보여준다.

266

위험에 처한 상황에서 거기에 맞게 빈틈없이 잘 대처하는 것은 분명히 하나의 미덕이지만, 그런 능력을 보여줄 위험을 초래하는 것은 분명히 약점이다.

48. 비방

267

타인을 폄하하는 그 비열한 악에 주의하라. 그것은 시기와 자만의 열매이고, 악마의 직계 후손이다. 천사이고 새벽별이고 아침의 아들임에도 불구하고, 스스로 뱀이 되고, 악령들의 지배자가 되고, 영원한 선량(신)에게 미움을 받는 모든 것이 되는 그 악마 말이다.

268

미덕은 시기심으로부터 안전하지 못하다. 인간들은 자신이 모방하지 않을 것을 낮춰본다.

269

싫어할 만한 것은 싫어하되, 그렇다고 그것을 증오하지는 마라. 악의(惡意)의 본질은 그것이 거의 언제나 문제가 아니라 사람에게 초점을 맞춘다는 데 있다. 악의야말로 죄가 영혼에 낳는 가장 불길한 자질 중 하나이다.

49. 중용

270

우리의 권리를 침범한 사람에 대한 분노를 자비와 연결시킬 수 있는 날이라면, 그날은 참으로 행복한 날이다. 그러면 우리의 화가 죄를 낳지 않을 것이고, 위반자가 잘못을 깨닫게 하고 그를 교화시킬 것이다. 그런 경우에만 화가 용납 가능한 것이 된다.

271

화나게 만들어도 화를 내지 않는 것이 최선의 방책이다. 그러나 화를 터뜨렸다면, 흥분이 완전히 가라앉을 때까지, 절대로 그 상황을 바로잡으려 하지 마라. 우리의 분노가 일으키는 모든 발작은 최종적으로 반드시 우리를 때리게 되어 있기 때문이다.

272

격한 감정이 끝난 뒤에 우리가 반성하면서 이성이 허용하는 선에 관심을 기울일 수 있다면, 우리는 또 다시 그와 비슷한 상황에 처하는 경우에 처신하는 방법에 관한 원칙을 갖게 될 것이다.

273

우리는 자신의 잘못을 바로잡기보다는 불평부터 하려 들고, 타인의 잘못을 용서하기보다는 책망부터 하려 든다.

274

우리가 결코 고치지 않을 것을 그렇게 자주 나무라는 것은 용서할 수 없는 일이다. 그것은 우리가 예수 그리스도의 뜻을 잘 알고 있으면서도 그것을 실행에 옮길 생각이 없다는 사실을 보여준다

275

타인에게서 잘못을 발견하는 사람은 자신이 비난하는 그 내용을 실천해야 한다. 그렇게 하지 않으면 그 사람은 첫 번째 돌을 맞고 마지막 돌까지 다 맞아야 한다.

50. 속임수

276

사기를 제외하고는 그 어떤 것도 속임수를 필요로 하지 않는다. 정직은 속임수를 혐오한다.

277

옳은 일을 옳은 방식으로 하도록 신경 써야 한다. 정당한 판결도 정당하지 않게 집행될 수 있기 때문이다.

278

평가를 제대로 하기만 하면, 진정한 판단은 상황 속에서 저절로 모습을 드러내기 마련이다.

51. 격한 감정

279

맹렬한 감정은 마음에 생기는 일종의 열병이다. 그런 감정이 훑고 지나가면 사람들은 언제나 그 전보다 약한 상태가 된다.

280

틀림없이 드물게 일어나겠지만, 격한 감정은 조심스럽게 접근하면 치료 가능하다.

281

격한 감정은 다른 어떤 것보다 먼저 우리의 판단력을 앗아간다. 그것이 우리의 마음에 앞을 보기 어려울 만큼 짙은 먼지를 일으키기 때문이다.

282

격한 감정은 마구 흔들어서 찌꺼기가 일어난 포도주와 비슷하다. 그것은 마시기에 지나치게 탁하다.

283

그런 격한 감정을 사람의 내면에서 이성을 상대로 폭동을 일으키는 폭도라고 불러도 이상할 것은 하나도 없다.

284

격할 만큼 감정적인 사람은 눌린 상태를 오랫동안 견뎌내지 못하는 약한 용수철과 비슷하다.

285

약간의 두드림에도 견디지 못하고 깨어지고 마는 것은 분명히 사용하기에 부적절하다.

286

남의 말을 듣지 않는 사람은 판단을 제대로 하지 못한다. 반박을 참아내지 못하는 사람은 높은 지력에도 불구하고 자신의 목표를 이루지 못할 것이다.

287

의견 불일치와 갈등은 최종적으로 진리를 걸러내지만, 그 과정은 훌륭한 판단력뿐만 아니라 감정에 대한 통제력까지 요구한다.

288

무엇보다, 당신이 화가 나 있고 부당한 대우를 받고 있다고 느껴질 때, 앞에 말한 내용을 고려하라. 그런 경우에 격한 감정이 이성의 경계를 대단히 멀리 벗어나 있을 것이기 때문이다.

289

화가 나서 남을 꾸짖는 일은 없어야 한다. 남을 꾸짖을 때는 언제나 가르침이 목적이어야 한다.

290

격한 감정에 사로잡힌 상태에서 타인의 행동을 바로잡으려 드는 사람은 반성보다 복수를 먼저 떠올린다.

291

그런 태도는 지혜보다 방종에 가깝고, 허기를 달래기 위해 먹는 것이 아니라 미각을 만족시키기 위해 먹는 사람들의 태도와 비슷하다.

292

현명한 사람과 어리석은 사람의 차이는 이것이다. 어리석은 사람은 상세한 것들을 고려하지 않은 채 판단하고, 현명한 사람은 부분들과 각 부분들의 연결을 바탕으로 판단한다.

293

그리스인들은 모든 일이 상황의 지배를 받는다고 말하곤 했다. 동일한 사건이 맥락에 따라 좋거나 나쁠 수 있다는 뜻이다.

294

사람의 힘은 태도를 통해 드러난다. "선한 일을 하고 나쁜 일을 견뎌

내는 것이 왕의 일"(Bonum agere, et male pati, regis est)이라는 말이
있듯이.

52. 개인적 신중

295

악의를 품지 않고 옛일을 돌이켜보되, 불필요하게 과거를 돌아보는 일은 없어야 한다.

296

누구도 경멸해서는 안 되며, 다른 사람이 처한 삶의 상황도 멸시하지 않도록 하라. 그 사람의 상황이 최종적으로 당신의 상황이 되지 않도록 하려면, 이 조언에 충실해야 한다.

297

조롱하거나 비웃는 일은 절대로 없어야 한다. 조롱은 무례하고, 비웃음은 경멸할 만하며, 둘 다 똑같이 악이다.

298

타인의 무례에 화가 나서 똑같이 무례를 저지르는 일은 없도록 하라.

299

오직 배은망덕만을 꾸짖어라.

300

경솔은 신중이 예방하는 문제를 만들어낸다.

301

유혹에 넘어가지 않길 원한다면, 누구도 유혹하지 않도록 하라.

302

첫 번째 결과를 만회하기 위해 다시 큰일을 생각할 때는 대단히 신중해야 한다. 그것마저 실패하면 모든 것을 잃게 되기 때문이다.

303

기회는 절대로 놓치지 마라. 한번 흘러간 기회는 두 번 다시 오지 않는 법이다.

304

병을 치료하는 것도 좋은 일이지만, 병을 예방하는 것은 더더욱 좋은 일이다. 치료는 기술을 보여주지만, 예방은 지혜를 보여준다.

305

어렵거나 위태로운 상황에서 어떤 기술을 새롭게 시도하는 일은 없어야 한다.

306

견문을 넓히는 일을 게을리하지 않도록 하라. 그런 게으름은 자만심
이나 어리석음을 보여줄 뿐이다.

307

허름한 옷을 걸친 겸손과 지식이 값비싼 의상을 차려 입은 자만과
무지보다 월등히 더 우수하다.

308

당신이 이해하지 못하는 것이라고 해서, 그것을 멸시하거나 반대해
서는 안 된다.

53. 균형

309

어떤 일에 관여하든, 그 일의 가치 이상으로 관심을 쏟지 말 것이며, 합리적이라고 생각하는 일을 고수하면서 이성의 한계를 벗어나서도 안 된다.

310

수단을 목적으로 여기고, 목적을 수단으로 여김으로써 일의 순서를 완전히 거꾸로 뒤집어놓는 실수가 흔히 일어나고 있다.

311

그런 실수로부터 종교와 통치도 자유롭지 못하다. 종교는 너무나 자주 목적이 아니라 수단이 되고, 통치는 너무나 자주 수단이 아니라 목적이 되고 있다.

312

그래서 사람들은 품격 있는 삶이 아니라 부를 추구하고 있으며, 옷을 선택하는 이유로 의복의 진정한 목적이 거의 작용하지 못하고 있다. 그리고 음식을 섭취하는 목적이 허기를 해소하는 것이 아니라 미각을 즐겁게 하는 것이 되었다. 건축과 가구 등에 대해서도 똑같이 말할 수 있다. 거기서는 인간성이 수성(獸性)을 지배하지 못하고, 욕망이 이성의 지배를 받지 않는다.

313

사물을 진정한 가치에 비례하여 평가하는 것은 훌륭한 지혜이다. 그렇게만 한다면 사물을 저평가하는 일도 일어나지 않을 것이고, 어떤 일에 가치 이상으로 시간과 노력을 들이는 일도 없을 것이다.

314

사소한 것에 마음을 빼앗기게 되면, 사람은 마치 그것이 대단한 가치를 지니는 것처럼 거기에 빠져 넋을 놓고 만다.

315

대단히 격한 다툼도 그 시작은 터무니없을 만큼 사소하다는 옛말이 있다.

316

논쟁의 대상이 무엇이냐가 중요한 것이 아니라, 그 논쟁을 우리의 마음에서 어느 자리에 놓는가 하는 문제가 중요하다. 그 위치가 우리의 실질적 관심을 지배하고, 우리가 적의를 느낄 것인지 여부를 결정하기 때문이다.

317

우리의 삶의 가장 치명적인 오류 중 하나는 대단히 훌륭한 명분을 형편없이 관리하여 망가뜨리는 것이다. 나쁜 짓을 하면서도 좋은 의도를 품을 수 있지만, 그런 의도가 우리의 나쁜 행동을 정당화하지는 못한다.

318

목적이 옳다는 확신이 서는 경우에, 사람들은 그 목적을 달성하기 위해 성급하게 모든 한계를 뛰어넘으려는 경향을 강하게 보인다. 그때 그 사람들의 모습을 지켜보고 있으면, 대단히 정당한 목적도 대단히 불법적인 방법으로 성취될 수 있다는 사실에 대해서는 전혀 생각하지 않는 것처럼 보인다.

319

정당한 길을 밟아 정당한 목표에 이르도록 노력하라. 그래야만 그 성취가 오래도록 이로울 것이다.

320

어떤 사람들은 말썽부리는 기질을 갖고 있다. 그들은 자신이 이끌지 못하는 상황이면 타인들을 따르려 하지 않으려 들 것이다. 다른 방식으로 일을 처리하는 것이 훨씬 더 바람직한 상황에서도, 그들은 일을 자기 방식대로 처리하지 못할 바에야 차라리 일을 처리하지 않은 채 그냥 내버려 두는 쪽을 택한다.

321

이런 태도는 자기 자신에 대한 근거 없는 과신에서 비롯되며, 그것은 또한 사람들이 훌륭하다고 판단하는 일을 성공적으로 해내는 것보다 칭송에 더 많은 관심을 두고 있다는 사실을 보여준다.

54. 인기

322

가능한 한 자신을 노출시키지 않도록 하라. 그러면 타인들이 당신의
약점을 덜 보게 될 것이다.

323

자신의 모습을 실제 됨됨이보다 더 훌륭한 것으로 과장하여 보여주
는 사람들은 자신에 대한 기대치를 감당할 수 없을 만큼 높이게 된
다. 그러다 보면 그들의 진짜 모습이 드러나는 순간, 그 동안 쌓은 신
뢰가 와르르 무너지게 된다.

324

인기를 피하도록 하라. 인기는 많은 덫을 숨기고 있으며, 당신 자신에게는
절대로 진정한 도움을 주지 않고, 타인들에게는 의심을 안겨줄 뿐이다.

55. 프라이버시

325

다른 사람들의 눈에 띄지 않게 사는 사람이 잘 사는 사람이라는 속담을 기억하라. 호젓한 환경에서 고독 속에 사는 사람들은 행복하다.

326

이 속담이 진리라면, 군주와 고관들이야말로 세상에서 가장 불행한 사람들이다. 홀로 지내는 시간이 가장 적으니 말이다. 그리고 모든 사람들에게 즐거움의 대상이 되는 사람들은 자신만의 삶을 결코 누리지 못한다.

327

중요한 직책을 갖지 않은 사람들은 나름대로 이점을 누린다. 그들은 혼자 개인적인 생활을 누릴 수 있고, 가족의 안락을 위해 여가 시간을 낼 수 있다. 이런 것이야말로 우리가 이 세상에서 누릴 수 있는 최고의 만족이 아닌가.

328

그러나 탐욕에서 희열을 발견하길 원하는 사람들은 거기서 희열을 찾을 것이다. 그리고 권력을 휘두르는 것이 야망인 사람들도 있다.
일부 사람들이 개인적인 삶을 선택하듯이.

56. 통치

329

통치는 다양한 형태를 보인다. 주권은 그 형태들 모두에 존재하지만, 자유는 그렇지 않다.

330

왕과 전제 군주는 서로 성격이 매우 다르다. 왕은 국민들이 동의한 법을 바탕으로 다스리지만, 전제 군주는 자신의 절대적인 의지와 권력을 바탕으로 다스린다. 왕은 자유이고, 전제 군주는 폭정이다.

331

왕은 인기 있는 사람들의 야심 때문에 위험해진다. 그 사람들이 헌법을 흔들기 때문이다. 반면에, 전제 군주는 그릇된 행정 때문에 위험해진다. 그런 행정은 군주와 그의 가족의 목숨까지 위태롭게 한다.

332

두 부류의 통치자들은 똑같이 국민들을 지나치게 몰아붙이지 않는 것이 현명하다. 국민들은 지배자에게 반대할 권리를 갖고 있는지 여부와 관계없이 상황이 지나치게 나빠지면 틀림없이 반대하고 나설 것이기 때문이다. 그런 사태가 벌어지면, 치료가 질병보다 훨씬 더 나쁘다는 사실이 종종 확인된다.

333

정의를 구현함으로써 위대해진 왕도 행복하고, 순종을 통해 자유로워진 국민도 행복하다.

334

통치가 정의로운 곳에서, 통치자는 엄격할 수 있다. 그렇지 않다면, 엄격함은 틀림없이 통치자에게 불리하게 작용한다. 설령 통치자가 지배적인 입장에 선다 한들, 국민이 패자인 상태에서 통치자는 절대로 승자가 될 수 없다.

335

지도자들은 통치하면서 열정에 휘둘려서도 안 되고, 자신의 권리와 믿음을 벗어나는 격한 감정에 휘둘려서도 안 된다.

336

본보기가 권위와 일치하는 곳에서, 권력을 따르지 않기가 어렵고 관리를 존경하지 않기가 어렵다.

337

국민들로 하여금 스스로 통치하고 있다는 생각을 품도록 만들어라. 그러면 국민들은 통치를 받아들일 것이다.

338

국민이 신뢰하고 있는 사람들이 정말로 신뢰할 만한 사람들이라면, 그런 통치가 일어나지 않을 수가 없다.

339

중대한 문제들에서 국민들을 정의롭게 다루고 사소한 일들에서 간혹 국민들의 비위를 맞추는 지도자는 틀림없이 국민들의 마음을 얻고 국민들을 세상의 모든 것으로부터 보호할 것이다.

340

국민은 군주의 정치적 아내이다. 그렇기 때문에 국민을 힘으로 지배하기보다 지혜로 관리하는 것이 훨씬 더 바람직하다.

341

그러나 편파적이고 그릇된 목적을 도모하는 지도자는 국민들과의 관계에서 권위를 상실하고, 국민들에게 권력을 잡을 야망을 충족시킬 기회를 주게 된다. 그런 지도자는 국민들이 걸려 넘어질 장애물을 놓고 있는 것이나 다름없다.

342

신하가 군주보다 인기가 더 높은 곳에서 군주가 위험에 처한다는 말은 맞다. 그러나 그것이 군주 자신의 잘못이라는 것도 또한 진실이다. 군주와 비교할 만한, 인기를 끌 수단이나 이권이나 요소를 충분히 갖춘 사람은 아무도 없으니까.

343

일부 군주들은 사랑 받기보다는 두려움의 대상이 되려는 경향을 보인다. 그들이 두려움의 대상이 되는 경우에 국민의 불만 때문에 안전하지 못하고, 사랑의 대상이 되는 경우에 국민의 헌신이 더욱 커진다는 사실을 눈으로 직접 확인하면서도 그런 태도를 취하는 것은 쉽게 이해되지 않는다.

344

분명히 말하지만, 가슴에서 진정으로 우러나오는 섬김이 강압적인 복종보다 훨씬 더 멀리, 훨씬 더 오래 간다.

345

이 진리를 로마인들은 잘 알고 있었다. 가장 훌륭한 지휘관과 황제를 표현할 때 '옵티무스'(Optimus: best)라는 단어를 '막시무스'(Maximus: most powerful)보다 앞에 놓았으니까.

346

게다가, 경험에 따르면, 선량이 엄격에 비해 영혼에 보다 고귀한 열정을 불러일으키고 더욱 훌륭한 의무감을 낳는다.

347

고대 이집트의 파라오가 이스라엘 민족의 노역을 증가시킴으로써[14] 무엇을 얻었는가? 최종적으로 자신을 파멸시키는 결과를 낳지 않았는가.

348

왕들은 적어도 이 문제에서만이라도 신을 모방해야 한다. 모든 백성들에게 골고루 자비를 베푸는 것이 무엇보다 우선되어야 한다는 뜻이다.

349

왕과 농민은 오직 이 세상에서만 서로 다를 뿐이다. 이곳에서 혜택을 누리는 존재는 다음 세상에서 있을 심판 때문에라도 이 세상에서 고귀한 성격을 지켜야 한다.

350

모든 것의 목적이 수단을 지배해야 한다. 지금 통치의 목적은 전체의 이익이다. 따라서 군주의 목적은 그것 외에 다른 것이 되어서는 안 된다.

351

통치자들이 정당한 수단으로 정당한 목적을 성취하려고 노력하는

---

14 '출애굽기' 5장 참고.

한, 그들은 틀림없이 안정적이고 쉬운 통치를 보장받는다. 한편, 사물들의 본질이 침범당하고 사물들의 질서가 엎어진 곳에서는 당연히 격변이 일어나기 마련이다.

352

분명히, 군주에게는 통치의 실수가 어느 정도 허용될 수 있다. 이유는 그가 다른 사람들의 눈을 통해서 보고 다른 사람들의 귀를 통해서 듣기 때문이다. 그러나 군주의 신임을 받은 대리인인 장관들은 단순히 개인적 열정을 충족시키기 위해 군주가 통치를 잘못하도록 이끌었다면 그에 대해 책임을 져야 한다.

353

장관들은 위험을 각오하고 자리를 맡아야 한다. 만약 군주가 장관들을 좌지우지한다면, 장관들은 군주에게 법을 보여주고 겸허하게 물러나야 한다. 만약 두려움이나 이득, 아첨이 팽배하다면, 장관들로 하여금 법에 대답하도록 해야 한다.

354

장관이 처벌을 받지 않게 되어 있는 곳에서, 군주는 안전하게 지켜지지 못한다. 군주뿐만 아니라 국민도 제국 속의 또 다른 제국을 참아주지 않을 것이기 때문이다.

355

장관들이 자격이 없거나 사악하여 자리를 망친다면, 그것은 그들을 선택한 지도자의 잘못이다. 그러나 만약 그들의 자리가 그들을 망가뜨린다면, 그것은 장관들의 잘못이다.

356

군주의 임명을 받고 통치하는 사람들이 군주를 위해 고생하는 것은 당연한 일이다. 통치에서는 머리를 바꾸지 않고 그 머리를 대신해서 대답할 손들을 두는 것이 안전하고 필요한 원칙이기 때문이다.

357

그럼에도, 모두가 장관을 비난하고 심판하고 나선다면, 장관직을 수행하는 것은 견딜 수 없는 일이 될 것이다.

358

그러므로 거짓말하는 비난자도 장관이 유죄로 판명될 때 받는 처벌과 동일한 처벌을 받아야 한다.

359

이유는 정부 지도자들의 명예가 일반 대중의 비난의 대상이 되는 경우에 정부를 불명예스럽게 하는데, 그런 비난이 종종 근거 없는 것으로 확인되기 때문이다.

360

따라서 군주의 안전은 잘 선택된 각의(閣議)에 달려 있다. 그렇다면 각의의 구성원들이 각자 맡은 일을 처리할 자질을 충분히 갖췄을 때에만, 군주의 안전이 지켜질 수 있다.

361

자물쇠를 만들기 위해 재단사를 부르고, 옷을 만들기 위해 대장장이를 부르는 사람이 있는가?

362

그러므로 군주는 무역에 대해 조언할 인물로 상인을 임명하고, 제독에 뱃사람을, 외교에 여행가를, 국내 문제에 나라의 지도자들을 각각 임명하고, 법의 지배를 엄격히 따르는 민간 변호사들로 하여금 법적 의무와 정의에 대해 조언하도록 해야 한다.

363

통치를 망치는 3가지 중요한 요소가 있으니, 그것은 느슨함과 탄압, 시기(猜忌)이다.

364

정부의 통치가 지나치게 느슨한 곳에서, 국민들의 도덕적 기질이 부패한다. 도덕적 기질의 타락은 국민들의 근면을 파괴하고, 사내답지 않은 나약함을 낳고, 하늘을 화나게 만든다.

365

탄압은 나라를 가난하게 만들고 국민을 절망하게 만든다. 그러면 국민은 언제나 지도자를 바꿀 기회만을 노리게 된다.

366

국민을 통치하는 사람은 신을 경외하는 가운데 다스려야 하고 정의로워야 한다고 옛날의 어느 현명한 왕은 말했다.

367

시기(猜忌)는 통치를 방해하고, 통치의 바퀴에 고장을 일으키고, 행정을 혼란시킨다. 그리고 무질서를 야기하는 요인으로, 통치자가 정실에 빠져 보상과 처벌에 불공평한 모습을 보이는 것보다 더 나쁜 것은 없다.

368

인간에게 섬길 것을 강요하는 것이 정당하지 않듯이, 직원을 두고 있는 사람들에게는 직원을 예측 불허의 상태로 두는 것이 허용되지 않는다.

369

국가가 국민을 모욕할 뜻이 전혀 없는 곳에서, 국민도 국가를 모욕해서는 안 된다.

57. 개인적 삶

370

개인적 삶이 더 바람직하다. 공직의 명예와 보수는 개인적 삶의 안락에 비하면 아무것도 아니다. 개인적 삶은 자유롭고 평화로우며, 공적 삶은 굽실거려야 하고 소란스럽다.

371

수넴 여인[15]의 위대한 대답은 이랬다. "나는 내 백성 중에 거주하나이다."[16]

372

자신의 삶을 온전히 사는 사람들은 공무원의 제복을 입을 필요성을 느끼지도 않고 입을 생각도 하지 않는다.

373

그런 사람들의 생계 수단은 모든 사람을 행복하게 지키는 일과는 관

---

15 성경에 등장하는 인물로, 기독교인들이 사람을 대하는 태도를 보여주는 본보기로 여겨진다.

16 '열왕기하' 4장 13절 참고. 궁정 생활 같은 것에는 관심을 전혀 주지 않고, 시골에서 조용히 살고 있는 평범한 사람이라는 뜻이다.

계없으며, 그들은 기분을 만족시키거나 선물을 해야 할 후원자들을
두고 있지도 않다.

374

그들은 명예로운 자리까지 나아가지도 않고 해고당할 일도 없다. 그
리고 그들은 주권자의 미소를 경험하지 않기 때문에 위대함의 찌푸
림이나 시기(猜忌)의 영향도 받지 않는다.

375

그들은 궁정의 쾌락을 누리지 않지만, 동시에 그들은 궁정의 유혹을
피할 수 있다.

376

개인적 삶을 사는 사람들은 한마디로 말해 그들 자신의 삶을 살고
있으며, 그들은 누구나 내는 세금을 납부함으로써 그 밖의 모든 것의
주권자가 된다.

58. 공적 삶

377

그럼에도 국민은 섬김을 받아야 하고 섬김을 받게 될 것이며, 그런 일을 잘 처리하는 사람들은 명예와 수입이라는 공적 표시를 누릴 자격이 있다.

378

그렇게 되기 위해서, 공무원들은 월급을 받아야 할 뿐만 아니라 국민을 섬기는 정신도 갖춰야 한다. 그렇지 않으면 그들은 공적 비용으로 사적 목적을 추구하는 꼴이 될 것이다.

379

공무원들이 임무를 충실히 수행하는 것을 양심의 문제로 여기지 않는 곳에서, 정부는 절대로 잘 관리될 수 없다.

59. 공무원의 자질

380

훌륭한 공무원은 5가지를 갖춰야 한다. 능력과 정직, 신속한 문제 해결, 인내와 공명정대가 그 요소들이다.

60. 능력

381

자신의 업무를 이해하지 못하는 사람은 그 외의 모든 것을 다 안다 하더라도 그 자리에는 절대로 적합하지 않으며, 국민은 그의 미숙함 때문에 피해를 입는다.

382

능력 있는 사람들도 당연히 정의로워야 한다. 그렇지 않으면 그들의 능력 때문에 정부가 더 나빠진다.

61. 정직

383

공적인 자리에 오른 사람들의 탐욕은 자신의 이득을 위해서 국민을
농락하도록 유혹한다.

384

특혜에 대한 대가로 뇌물이나 선물을 받는 행위는 국가의 재산을 횡
령하는 행위에 버금가는 벌로 처벌되어야 한다.

385

공직에 있는 사람들에게 월급을 충분히 주되, 그 이상의 돈을 취할
때에는 책임을 무겁게 물어야 한다.

386

공무원들이 국민의 자선에 기대어 살아야 한다면, 그것은 정부에 불명
예스런 일이지만, 공무원들이 똑같은 일에 대한 대가를 두 번 받음으로
써 국민을 무례하게 대한다면, 그것 또한 가증스런 일이 아닐 수 없다.

387

그러나 돈을 받으면서도 어떤 일도 하지 않는 것은 직권 남용이다.

62. 신속한 문제 해결

388

일을 신속하게 처리하는 능력은 이익에 자극 받지 않고 의무에 자극 받는 공직 종사자들에게 아주 훌륭한 자질이다. 그런데 신속한 일 처리를 놓고 너무나 많은 공무원들이 사적 시장을 운영하며 임금 외에 추가로 돈을 챙긴다.

월급은 그들의 일에 따른 대가이고, 뇌물은 그 일을 신속히 처리해 주는 데 대한 대가이다. 마치 일이 신속히 처리되기 전에 처리할 수 있는 길이 있다는 듯이, 또는 처리해야 할 일이 신속히 처리되어서는 안 된다는 듯이, 또는 그들이 정부로부터도 돈을 받고 또 무언가를 해결하기를 원하는 사람으로부터도 돈을 받게 되어 있다는 듯이.

389

공무원에게 일을 신속히 처리하는 것은 일을 처리하는 행위 못지않게 중요한 의무이며, 그 같은 능력은 그가 돕고 있는 정부의 명예에도 크게 이바지한다.

390

일의 처리를 지체시키는 것은 직접적인 불공평보다 더 해롭다.

391

공무원들은 감히 거부할 수 없는 사람들을 종종 굶주리게 한다.

392

여기서 승자가 패자가 된다. 승자가 자신이 얻는 것에 대해 2배의 돈을 지급해야 하기 때문이다. 마치 땅을 샀다가 이미 그 땅이 전체 가격만큼 저당 잡힌 탓에 다시 돈을 지급해야 하는 사람처럼.

393

정의를 지체시키는 것은 불공평한 처사라고 법은 말하고 있다.

394

어떤 권리를 갖지 않는 것과, 그 권리를 누리지 못하는 것 사이에는 거의 차이가 없다.

395

분명하게 거부하거나 신속히 처리하는 것은 훌륭한 공무원의 의무이자 지혜이다.

63. 인내

396

인내는 어디서나 미덕이지만, 정부에서 일하는 사람들의 인내는 특히 더 빛난다.

397

어떤 사람들은 너무나 거만하거나 성미가 급한 탓에 바로잡아야 할 것이 무엇인지에 대해 아예 들으려 하지도 않는다.

398

또 어떤 사람들은 너무나 허약한 탓에 자신의 직책의 무게에 짓눌려 쓰러지거나 폭발해 버린다. 그런 그들도 월급날이면 가벼운 발걸음으로 돈을 챙겨간다.

399

어떤 일이든 이해가 충분히 이뤄지지 않은 상태에서는 절대로 제대로 처리될 수 없다. 일에 대한 이해는 인내 없이는 불가능하다.

400

도움의 손길을 간절히 필요로 하는 불행한 사람들의 말을 들어주지 않는 것은 정말로 잔인하다. 그러나 최악의 직권 남용은, 겸손하고 얌전하지만 경제적으로 비참한 상황에 처한 사람들이 구제 자금을 원할 때 그들을 을러대는 것이다.

401

일부 사람들이 욕망과 희망을 터무니없이 크게 품는 것은 사실이다. 그러나 그런 경우에도 그들을 꾸짖고 거부할 것이 아니라, 그 같은 사실에 대해 친절하게 가르쳐 줘야 한다.

402

그러므로 어떤 일에든 따르는 불합리와 모순 앞에서도 인내를 발휘하는 것은 일을 맡은 사람으로서 발휘할 수 있는 지혜의 한 훌륭한 예이다.

403

훌륭한 방법은 과제를 해결할 때 사전에 많은 어려움을 예방한다. 그런 방법은 일 자체를 쉽게 만들고, 혼란을 막고, 시간을 많이 아끼게 하고, 업무상 우리에게 의존하는 사람들에게 그들이 해야 할 것과 기대할 수 있는 것이 무엇인지를 알려준다.

64. 공명정대

404

여기서 공무원의 마지막 자질로 논하고 있을지라도, 공명정대가 훌륭한 공무원의 성격 중에서 가장 덜 중요한 것은 절대로 아니다.

405

'성경'은 심지어 가난한 사람들의 편을 드는 것까지 악행으로 제시하고 있다. 그렇다면, 부유한 사람들의 편을 드는 것은 심판의 날에 얼마나 더 심한 악행으로 다뤄지겠는가?

406

동정심조차 우리의 마음을 흔들지 않아야 한다면, 두려움이나 이익이나 편견은 더더욱 우리의 마음을 흔들어서는 안 된다.

407

정의의 여신은 앞을 보지 못하는 모습으로 적절히 그려진다. 그녀가 관련 당사자들 사이에 차이를 전혀 두고 있지 않으니 말이다.

408

정의의 여신은 부유한 자와 가난한 자, 큰 것과 작은 것을 위해서 단 하나의 저울과 추를 갖고 있다.

409

정의의 여신의 판결은 사람이 아니라 근거에 좌우된다.

410

공명정대한 판사는 판결을 내릴 때에 법 외에는 아무것도 알지 못한다. 그의 앞에서는 군주도 농민에 비해 아무런 이점을 누리지 못하고, 판사의 친척도 이방인에 비해 아무런 이점을 누리지 못한다. 아니, 공명정대한 판사가 법석에 앉을 때, 그의 적도 틀림없이 그의 친구와 동등한 조건에서 재판을 받게 된다.

411

공명정대는 정의의 생명이자 통치의 생명이다.

412

공명정대가 국가에만 이롭게 작용하는 것은 아니다. 가족도 마찬가지로 공명정대 없이는 편안하게 살아가지 못한다.

413

편애하는 부모는 자식들로부터 공경을 제대로 받지 못한다. 마찬가지로, 편애하는 사장은 종업원들로부터 섬김을 제대로 받지 못한다.

414

편애는 언제나 간접적이고 심지어 불성실하기도 하다. 이유는 편애가 근거 없고, 심지어 해까지 입히는 편견을 보이기 때문이다. 그런 편견을 정의의 여신은 모든 곳에서 금지하고 있다.

415

편애는 근거도 없이 총애하기 때문에, 행동을 판단하는 일에 이성을 전혀 이용하지 않는다. 까마귀도 자기와 같은 종류의 새들이 가장 예쁘다고 생각한다는 속담 그대로이다.

416

사랑하는 사람이 하면 더없이 귀여워 보이는 짓도 미운 사람이 하면 대단히 추해 보인다.

417

우리의 결함이 다른 사람에게서 발견되었다면 너무도 추하게 보였을 텐데도, 우리는 자신에게서 그 결함을 보지도 못한다.

418

다른 사람의 행동을 비난하거나 꼬집을 때 격언이나 원칙을 곧잘 들먹이면서도, 정작 다른 사람이 우리를 향해 그런 격언이나 원칙을 사용하면 그 뜻을 제대로 이해하지 못한다.

419

편애는 사람들과 사물들에 대한 판단을, 그리고 우리 자신과 타인들에 대한 판단을 훼손시킨다.

420

편애는 정부 안에 파벌을 조장하고 가족 안에 불화를 일으키는 최악의 요인이다.

421

편애는 방탕한 감정이다. 그것은 굶주려 지칠 때까지는 좀처럼 집에 들어오지 않는다. 낙담이 편애를 일정 범위 안에 묶어둘 수 있다.

422

그럼에도, 우리는 어떤 결점에 무관심할 수 있다.

65. 무관심

423

무관심은 판단에는 좋지만, 인간관계에 나쁘고, 종교에는 전혀 아무런 가치를 지니지 않는다.

424

판단에서도 그 사람이 누구인지에 무관심해야지, 판단의 대상이 된 문제에 무관심해서는 안 된다.

66. 중립

425

중립은 무관심과 다른 그 무엇임에도 무관심과 비슷하다.

426

판사는 치우치지 않아야 하지만, 중립적인 것으로 묘사될 수 없다.

427

무관심은 판단에서 공평한 것이고, 중립은 전혀 간섭하지 않는 것이다.

428

중립이 합법이라면, 당연히 중립을 지키는 것이 최선이다.

429

어느 한 집단을 지지하는 사람은 자신을 그 집단의 운명으로부터 좀처럼 떼어놓지 못한다. 대체로 그 사람은 그 집단과 더불어 흥하기보다는 망한다.

430

중립을 추구하는 현명한 사람은 어떤 집단과도 결합하지 않으며, 자신의 정직한 관심이 이끄는 대로 따르며 양쪽 집단을 모두 이용한다.

431

중립적인 사람만이 중재인이 될 수 있다. 그런 사람은 어느 편에도 속하지 않는 덕분에, 양측의 화해를 중재할 수단을 갖고 있기 때문이다.

67. 편들기

432

그럼에도, 권리나 종교가 부르는 곳에서, 중립을 고수하는 사람은 겁쟁이거나 위선자임에 틀림없다.

433

그런 상황에 처할 경우에, 우물쭈물해서도 안 되고 오해를 불러서도 안 된다.

434

우리의 권리나 종교가 논쟁의 대상이 될 때, 그때야말로 권리나 종교를 강력히 옹호할 절호의 기회이다.

435

또 이웃이 걸린 문제에서도 중립을 지켜서는 안 된다. 관여하는 것이 실수일 수 있어도 이웃을 돕는 것이 의무이기 때문이다.

436

우리에게 힘과 기회가 주어질 때마다, 그것은 곧 선한 일을 하라는 명령이다.

437

만약 이교도가 "우리는 우리 자신을 위해 태어나지 않았어."라고 말할 수 있다면, 기독교 신자들은 당연히 그 말을 행동으로 실천할 수 있어야 한다.

438

기독교 신자들은 기독교인이라는 이름을 낳은 그분의 가르침뿐만 아니라 그분의 본보기를 통해서도 그렇게 하라고 배운다.

68. 과시

439

당신이 행하는 선한 일을 당신 외에는 아무도 모르게 하라. 겉으로 드러내기보다는 깊이 느껴야 할 일을 해놓고는 떠들썩하게 자랑하는 일이 없도록 하라.

440

'성경' 속의 심판의 날에 관한 우화를 보면, 겸손한 사람들은 자신의 선한 행위들을 망각하고는 이렇게 묻는다. "하나님, 제가 언제 그런 일을 했습니까?"

441

오직 선(善)을 위해서 선한 행위를 하는 사람들은 칭송도 바라지 않고 보답도 바라지 않지만, 마지막엔 틀림없이 그 두 가지를 다 얻을 것이다.

69. 완전한 미덕

442

대체로 덕이 있는 사람이라는 사실에 만족하지 않도록 하라. 사슬은 고리가 하나만 빠져도 못쓰게 된다.

443

어쩌면 당신은 덕이 있는 사람이기보다는 순진한 사람일 수 있으며, 그런 당신은 종교보다는 타고난 기질에 더 많은 은혜를 입고 있다.

444

순진한 것은 단순히 죄를 짓지 않는 것이며, 덕이 있는 것은 당신의 사악한 기질을 극복하는 것이다.

445

당신 자신의 특별한 약점을 극복하지 않았다면, 설령 당신이 다른 사람에게 나타나는 약점을 갖고 있지 않다 하더라도, 그런 당신은 덕이 높은 사람으로 불리지 못한다.

446

구두쇠가 무모한 낭비를, 무신론자가 우상 숭배를, 폭군이 반란을,

거짓말쟁이가 위조를, 주정뱅이가 무절제를 꾸짖는 것은 솥이 주전
자를 보고 검다고 나무라는 것과 다를 바가 없다.

447

그런 식의 질책은 좀처럼 성공하지 못한다. 거기에 권위가 거의 실려
있지 않기 때문이다.

448

당신 자신의 약점을 극복하길 원한다면, 당신이 그 약점을 그냥 넘기
는 일은 절대로 없어야 한다.

449

어느 누구도 악한 일을 하라고 강요받지 않는다. 오직 당신의 동의만
이 악을 당신의 악으로 만들 뿐이다.

450

유혹에 넘어가는 것은 죄이지만, 유혹을 받는 것 자체는 절대로 죄가
아니다.

451

정신이 제대로 박힌 사람이 어떻게 자신을 해치려 하겠는가? 자신의
확신을 위반하는 사람은 정신 나간 사람이나 마찬가지이다.

452

죄를 짓고 싶지 않거든, 아예 악에 대해서 생각도 하지 마라. 욕정을 태우고 싶지 않거든, 아예 유혹을 받아들이지 마라. 그런 것에는 눈길도 주지 말고, 그런 것이 당신의 마음에 머물 기회도 주지 마라.

453

당신은 자신의 육체를 지키기 위해서 엄청난 수고를 감수한다. 아무쪼록, 당신의 영혼을 위해서도 약간의 수고를 감수하기를.

70. 진정한 종교

454

진정한 종교는 신에 대한 두려움이고 그 두려움의 표출이 선한 행위이지만, 신앙이 둘 다의 뿌리이다. 신앙이 없으면 우리가 신을 기쁘게 하지도 못하고, 믿지 않는 것을 두려워할 수도 없기 때문이다.

455

악마들도 믿고 많은 것을 알지만 다른 점은 이것이다. 악마들의 신앙은 사랑을 바탕으로 하지 않고, 악마들의 지식은 순종을 바탕으로 하지 않는다. 따라서 신앙과 지식이 악마들에게 유익하게 작용하지 않는다.
만약 우리의 신앙과 지식이 악마의 것과 비슷하다면, 우리는 그리스도의 교회가 아니라 악마들의 교회에 속할 것이다. 머리가 그렇다면, 몸도 당연히 그럴 것이니까.

456

우리 사이에 있을 때, 그리스도는 신성하고, 겸손하고, 순진하고, 유순하고, 자비로웠고, 자신이 간 뒤에 우리가 어떤 존재로 살아야 하는지를 가르쳤다. 그는 갔음에도 여전히 우리 사이에 있으며 우리 안에도 있다. 우리의 양심 안에 있는 그의 영(靈)을 통해서, 그는 변함

없는 은총의 설교자로 영원히 살고 있다.

457

복음을 전하는 목사는 그리스도의 대리자로 받아들여지기 위해 그리스도의 소질을 갖춰야 한다.

458

그리스도의 소질을 갖춘 목사라면, 그는 믿을 뿐만 아니라, 알고 또 행동한다.

459

실제 삶을 통해 본보기로서 그리스도의 가르침을 행동으로 실천하지 않는 목사는 설교자가 아니라 떠버리이며, 소중한 영혼의 구원자가 아니라 돌팔이일 뿐이다.

460

옛날에, 목사들은 성령에 의해서 목사로 만들어졌다. 지금은 성령이 내면에 하나의 중요한 요소로 자리 잡았기 때문에, 목사들은 그 일을 맡을 준비가 옛날보다 훨씬 더 잘 되어 있다.

461

흐르는 물은 쉽게 썩지 않는다. 순회 설교자들도 한 곳에 정착한 설교자들만큼 쉽게 부패하지 않는다. 그러나 순회 설교자들은 파견되기 전까지는 순회하면 안 된다.

462

설교자들은 그리스도로부터 거저 받기 때문에 거저 베푼다.

463

설교자들은 그 일을 직업으로 여기지 않는다. 그들은 그것을 생업으로 삼아서는 안 된다는 것을 가슴으로 안다.

464

그럼에도 일상적으로 말하는 그런 생계를 꾸릴 생각이 없기 때문에, 그들에게는 생계를 꾸리지 않는 것에 대한 두려움이 전혀 없다.

465

겸손하고 진실한 스승은 본인이 기대하는 그 이상을 거둔다.

466

그런 스승은 두터운 신앙심에 만족하는 것을 큰 이득으로 여기며, 따라서 두터운 신앙심으로 어떤 이득을 챙기려 하지 않는다.

467

그리스도의 대리자들이 그리스도에 의해 만들어지고 그리스도와 비슷하듯이, 그들은 신자들도 똑같이 그리스도를 닮도록 이끈다.

468

그렇다면 그리스도처럼 되는 것이 기독교인이 되는 것이고, 거듭남이 우리가 간구하는 신의 왕국에 이르는 유일한 길이다.

469

그러므로 오늘 그리스도의 목소리를 들을 것이며, 우리에게 여러 길로 말하고 있는 그에게 가슴을 닫지 않도록 하라. '성경' 속에서도, 우리의 가슴 안에서도, 그의 종들과 섭리를 통해서도 그가 우리에게 말하고 있으니. 그 모든 가르침의 골자는 경건이고 사랑이니라.

470

성 야보고가 이 문제를 짧으면서도 매우 충실하게 요약하고 있다. 하나님 아버지 앞에서 순수하고 때묻지 않은 종교는 바로 이런 것이다. 아버지를 잃고 고통을 겪는 아이들과 과부들을 방문하고, 우리 자신을 세상으로 인해 더럽혀지지 않은 상태로 지켜나가는 것이다. 이것은 두 개의 단어, 즉 사랑과 경건으로 요약된다.

471

사랑과 경건을 진정한 목적으로 삼고 있는 사람들은 자신이 그 목표에 이른다는 사실을 확인할 것이며, 그와 더불어 그런 탁월한 조건에 수반되는 마음의 평화까지 얻을 것이다.

472

그러므로 세상의 무수한 의견들에 관심을 빼앗기지 말 것이며, 말뿐인 정설이나 철학이나 언어 능력이나 교부(敎父)들에 대한 지식을 기준으로 당신 자신을 평가하지 않도록 하라. 이 세상의 하찮은 일을 지나치게 추구해서는 안 된다는 뜻이다.

그럴 게 아니라, 이 땅에서 사랑을 바탕으로 친절과 심판, 정의를 실천하는 신을 아는 것에서 기쁨을 누리도록 하라.

473

공적 예배는 제대로 행해지기만 한다면 크게 권장할 만하다. 우리는 공적 예배에 대해 신과 훌륭한 본보기의 덕으로 여기고 있다. 그러나 어디에나 동시에 있는 신은 시간이나 장소에 얽매이지 않는다는 것을 우리 모두가 알아야 한다. 우리의 소망이 우리가 어디에 있든 그분과 함께하는 것이라면, 우리는 틀림없이 그 같은 사실을 알게 될 것이다.

474

신을 섬기면서, 사람들은 그 행위를 대체로 공적 및 사적 예배로 한정시킨다. 보다 열성적인 사람들은 신에게 받아들여지기를 희망하면서 그런 행위를 더욱 자주 되풀이한다.

475

그러나 신이 무한한 영(靈)이고 그 자체로 모든 곳에 존재한다는 점을, 그리고 우리의 구세주가 자신은 영과 진리 속에서 공경 받게 될 것이라고 가르쳤다는 점을 고려한다면, 우리는 그 같은 생각이 단견이라는 사실을 확인할 것이다.

476

이유는 신을 섬기는 일이 우리 삶의 전체 경로에서, 그리고 신의 법에 대한 우리의 사랑을 보여줄 수 있는 모든 상황에서, 우리의 정신의 틀에 영향을 끼치고 있기 때문이다.

477

전장의 군인들이 언제나 적의 사정권 안에 있듯이, 이 세상 속에서 우리는 늘 유혹의 손길이 미치는 범위 안에 있다. 이런 사실에 비춰볼 때, 신이 금지한 것을 피하고 신이 명령한 것을 한다면, 우리는 신을 섬기는 것이나 마찬가지이다.

478

형식적인 기도를 많이 하는 것보다 악의 유혹에 저항하는 것이 신을 보다 잘 섬기는 길이다.

479

형식적인 기도는 하루에 두세 차례에 지나지 않지만, 유혹에 대한 저항은 하루 종일, 매 순간을 채운다. 그렇기 때문에 저녁과 아침의 봉헌보다 지속적인 경계가 훨씬 더 훌륭하다.

480

신을 섬기길 원하는가? 그렇다면 다른 사람들에게 보이고 싶지 않은 행동은 혼자 있을 때도 하지 않도록 하라.

481

신의 이름을 경솔하게 부르거나, 부모를 공경하지 않거나, 이웃을 중상하거나, 마음으로라도 간통을 저지르는 일이 없도록 하라.

482

허영에 빠지거나, 음탕한 짓을 하거나, 거만하게 굴거나, 술에 취하거나, 복수심을 품거나, 분노하는 일이 없도록 하라. 또한 거짓말을 하거나, 비방하거나, 험담하거나, 속이거나, 억압하는 일도 없어야 하며, 기만하거나 배신하는 일도 없어야 한다. 그런 것들을 저지르게 하는 유혹을 끊임없이 경계하라.

신이 언제나 여기에 있다는 것을 명심하라. 신이 사람들이 걷는 모든 길과 그들의 내면 깊숙이 든 생각까지 살피며 자신의 가르침을 따르지 않는 자들을 자신의 법으로 다스린다는 것을 알아야 한다. 이것만 기억한다면, 당신은 신의 사랑을 받을 수 있을 만큼 신을 섬기게 될 것이다.

483

만약 우리가 아낌없이 베풀었던 사람으로부터 감사의 인사를 듣기를 기대한다면, 우리의 가장 숭고하고 지속적인 은인인 신에게 감사의 마음을 경건하게 전하는 것은 너무도 당연하지 않는가?

484

이 세상이 귀하고 호화스러운 궁전이라면, 인간은 그 궁전 안에 사는 대가족이고, 신은 그 궁전의 강력한 지배자이자 주인이다.

485

이 세상이 얼마나 장엄한 곳인지를 모두가 잘 알고 있다. 하늘은 너무도 많은 영광의 등불로 장식되어 있고, 땅은 숲과 평원, 계곡, 언덕, 샘, 연못, 호수, 강으로 장식되어 있다. 땅은 또 식량과 쾌락과 이익을 위한 온갖 종류의 과일과 생명체로 가득하다.

한 마디로 말해, 신은 너무도 고귀한 집을 갖고 있다. 그의 식탁은 풍요와 다양성과 탁월함으로 넘쳐나고, 우리는 그 식탁에서 그의 질서와 계절, 모든 시간과 사물의 적절성을 본다.

그러나 우리는 자신이 얼마나 부주의하고 게으른 종인지를, 그리고 우리의 행동이 신의 관대함과 선량에 비하면 얼마나 보잘것없고 하찮은지를 알아야 한다.

신은 너무나 오랫동안 우리를 참아내고 있으며, 그러는 가운데 신은 우리를 얼마나 자주 구원하고 용서하고 있는가? 우리의 약속 위반과 반복되는 태만에도 불구하고, 신은 아직도 인내하며 이 집을 부수지도 않고 우리가 스스로의 힘으로 꾸려나가도록 내몰지도 않는다.

신의 이런 위대한 선량은 의무를 제대로 지키지 않는 우리의 내면에 부채감을 불러일으키고, 또 삶의 경로와 태도를 바꿔야겠다고 결심하도록 만들어야 하지 않는가? 그래야만 우리가 장래 우리의 주인의 훌륭하고 위대한 식탁에서 성찬을 받을 자로서 더욱 가치 있는 존재가 되지 않겠는가? 신의 노여움을 살 만한 상태에서 계속 태만한 종으로 남는다면, 우리가 신의 화를 느끼게 될 것이 확실하니까.

486

그러나 신이 우리의 생명과 안락을 위해서 이 세상을 훌륭한 것들로 풍성하게 채웠음에도 불구하고, 그것들은 모두 불완전한 선(善)일 뿐이다. 신만이 그것들이 가리키고 있는 완벽한 선이다. 그런데 어쩌나! 우리가 사물들에서 언제나 신을 보아야 함에도 사물들에 초점을 맞추다가 그만 신을 놓치고 있으니!

487

다른 어떤 것들보다 바로 이 점에서, 말하자면 우리가 변화를 그토록 간절히 바라면서도, 최종적이고 위대하고 가장 훌륭한 변화에 대해 듣거나 생각하려 하지 않는다는 점에서, 나는 우리 인간의 행동이 정말 수수께끼 같다는 생각을 자주 한다.

488

우리의 육체에 대해 말하자면, 육체가 변하기 쉬운 요소들로 이뤄져 있기 때문에, 우리는 세상과 더불어 변화하며 살아간다. 그러나 영혼이 육체와 다르고 육체보다 더 고귀한 본성을 갖고 있기 때문에, 우리는 보다 영구한 거주지인 영혼에서 영면을 추구해야 한다.

489

삶의 가장 진정한 목적은 결코 끝나지 않는 삶을 아는 것이다.

490

이 목적에 깊은 관심을 두고 있는 사람들은 최종적으로 그런 삶이 곧 자신의 왕관이라는 사실을 발견할 것이다.

491

그렇지 않으면, 삶은 쾌락보다는 불행일 것이고, 축복보다는 심판일 것이다.

492

이유는 짐승보다 훨씬 더 많이 알고, 후회하고, 분노하고, 욕망하고, 희망하고, 두려워하면서도 짐승 이상으로 살지 않는 태도가 인간을 짐승보다 더 못한 존재로 만들 것이기 때문이다.

493

참되게 살고 고통을 인내심 있게 견뎌냄으로써 보다 길고 보다 행복한 삶을 누릴 자격을 갖추는 것은 짧고 고된 이승의 삶을 바로잡는 길이다.

494

그 길은 선한 사람들의 희망을 키우고, 그들에게 저승 그 너머의 품격을 안겨준다.

495

그것이 선한 사람들의 목표이기 때문에, 그 외의 다른 것은 어떤 것
도 그들을 행복하게 만들지 못한다.

496

많은 사람들이 영원한 삶의 추구에 대해 생각하지만, 그 길은 어디까
지나 선한 사람들만이 실천할 수 있는 길이다.

497

선한 사람의 행동은 그의 삶과 조화를 이룬다. 그러기에 그가 죽을
때, 마무리되지 않은 일은 하나도 남지 않는다.

498

그리고 영원히 사는 사람은 죽는 것을 절대로 두려워하지 않는다.

499

그런 끝을 진정으로 믿는 사람에게 거기에 이르는 수단은 절대로 무
서울 수 없다.

500

죽음이 암흑의 통과일지라도, 그것은 불멸로 이어지고, 불멸은 죽음

을 인내심 있게 참아낸 데 대한 보상으로 충분할 것이다.

501

무덤을 통과할 때에도, 보이지 않는 것들의 증거인 신앙이 우리의 길을 밝게 비춘다.

502

그리고 무덤도 선한 사람들을 붙잡아두지 못하며, 그들이 죽자마자 다시 살아나는 것은 선한 그들에게 위안이다.

503

죽음은 우리가 시간에서 영원으로 넘어가는 것에 지나지 않는다.

504

죽음 없는 변혁은 절대로 가능하지 않다. 변혁이 어떤 한 형태가 다른 형태로 대체될 수 있도록 해체되는 것을 암시하니까.

505

그렇다면 죽음이 삶의 길이자 조건이며, 우리는 죽음을 견뎌내지 않고는 살기를 바랄 수 없다.

506

그러니 사물들의 껍데기로 스스로를 속이지 말고, 능력보다 형태를 선호하지 말고, 본질보다 그림자를 더 좋아하지 않도록 하자. 빵의 그림은 결코 배고픔을 달래주지 못하며, 기도의 그림은 신을 기쁘게 하지 못한다.

507

이 세상도 하나의 형태이고, 우리의 육체들도 형태들이며, 눈에 보이는 봉헌 행위도 형태를 갖지 않을 수 없다. 그러나 종교에는 형태가 적을수록 더 좋다. 신이 영(靈)이니까. 또 우리의 숭배가 영적일수록 신의 본성에 더욱 적절하고, 침묵할수록 영의 언어에 더욱 적절하기 때문이다.

508

말(言)은 타인을 위한 것이지, 우리 자신을 위한 것도 아니고 또 육체가 말할 때는 듣지 않고 영이 말할 때 듣는 신을 위한 것도 아니다.

509

영의 언어를 알기를 원한다면, 우리는 그것을 우리 안에 있는 신성한 원리로부터 배워야 한다. 우리가 그 원리의 명령을 듣듯이, 신도 우리를 듣는다.

510

그 신성한 원리에서도 우리는 모든 특성을 두루 갖춘 신을 볼 것이다. 이때 신은 흐릿할 수 있지만, 그래도 우리가 파악하거나 마음에 그릴 수 있을 만큼은 선명하다. 신은 그 자체로 존재하고, 불가해하며, 어떤 눈도 다가서지 못하는 빛 속에 거주한다. 그러나 그의 이미지에서 우리는 그의 영광을 볼 것이다. 그 영광은 우리가 신을 알아보도록 고양하기에 충분하며, 우리가 숭배로 신을 즐겁게 하도록 이끌기에 충분하다.

511

사람들은 신을 찾아 미로를 어렵게 헤매며 신에 대해 말할 수 있지만, 신을 진정으로 알기를 원한다면, 그 앎은 우리가 신에게서 받는 인상을 통해서만 가능하다. 우리의 가슴이 부드러울수록, 우리에게 각인되는 신의 인상은 더욱더 깊고 더욱더 생생할 것이다.

512

만약 신이 질책을 통해서 우리가 그의 정의를 알도록 하고, 관용을 통해서 그의 인내를 알도록 하고, 용서를 통해서 그의 사랑을 알도록 하고, 성령을 통해서 우리의 가슴을 축성함으로써 그의 신성을 알도록 한다면, 우리는 신에 대해 근거 있는 지식을 갖고 있다. 이것은 경험이며, 경험이 결여된 경우에는 추측만 가능하다. 이 경험은 기쁨을 준다. 그러나 그런 경험이 없는 경우에는 다른 사람들로부터 말로만 들을 뿐이다.

요약하면, 신이 우리의 가슴에 대고 말하는 것은 부정할 수 없는 증거이자 종교의 실체이며, 그것은 어떤 비바람도 견뎌낼 수 있다.

513

신앙처럼, 봉헌도 싱싱해야 한다. 차가워진 고기는 제례에 전혀 쓸모가 없다.

514

우리의 가슴의 불은 신의 제단의 숯으로 붙여져야 한다. 불이, 진정한 불이 없으면, 어떤 제물도 신에게 받아들여질 수 없다.

515

주여, 내 입술을 열어주소서, 그러면 내 입이 주를 찬양하며 전파하리라. 왕인 그 예언자가 올린 기도의 말이다. 그러나 그때까지는 그의 입술이 열리지 않았다.

516

입의 대답뿐만 아니라 가슴의 각오도 어디까지나 신에게서 온다. 그것을 얻기 위해서, 우리의 기도는 아주 강력해야 하고 숭배 또한 아주 깊어야 한다.

517

그러므로 우리 모두는 종교의 감각이 가장 따스하게 느껴지는 곳에서, 봉헌이 형식을 능가하고 공언과 실천이 일치하는 곳에서, 그리고 사랑이 적어도 질투만큼은 있는 곳에서 성체를 배령하도록 하자. 그런 공동체가 발견되는 곳에서, 신의 교회가 발견될 테니까.

518

선한 사람들과 똑같이, 사악한 사람들도 교회의 구성원으로 활동하고 있다. 그들 모두는 교회의 지도자는 어떠해야 하는지를 잘 알고 있다.

519

겸손하고 온유하고 자비롭고 공정하고 경건하고 독실한 영혼들은 한 종교의 어디에나 있다. 여기 이승에서야 그들이 걸친 다양한 제복 때문에 서로 이방인으로 지낼지라도, 죽음이 가면을 벗길 때, 사람들은 서로를 진정으로 알게 될 것이다.

520

사람들의 성장 배경과 그들의 개인적 약점을 관대하게 참작해야 하지만, 진정으로 종교적인 사람은 자신의 종파를 그 의식(儀式) 때문이 아니라 신앙심 때문에 사랑해야 한다는 것이 나의 원칙이다.

521

같은 목적을 공유하는 사람들은 서로 만날 때 의견 불일치를 거의 보이지 않는다. 적어도, 보다 중요한 문제들에 대한 관심이 하찮은 문제들에 대한 그들의 평가와 차이를 약화시킨다.

522

많은 사람들이 어떠한 종교도 갖고 있지 않고, 대부분의 사람들이 자신의 종교를 갖고 있지 않다는 사실은 슬픈 일이다. 성장하는 과정에 접하게 되었을 뿐 자신의 판단에 따라 선택하지 않은 종교는 다른 사람의 종교이지 본인의 종교가 아니니 말이다.

523

개인적 확신 때문이 아니라 권위를 근거로 종교를 갖는 것은 시침이나 분침을 마음대로 돌릴 수 있는 시계를 하나 갖는 것이나 다를 바가 없다.

524

사람들이 돈조차 걸려고 하지 않는 곳에 영혼을 거는 것은 어리석기 짝이 없는 짓이다. 사람들이 다른 사람들로부터 물려받은 종교를 믿으면서도, 동전 한 닢의 선량에 관한 교회 회의의 결정은 신뢰하지 않으니 말이다.

525

그들은 영혼을 위한 일은 아무렇게나 결정하면서도 돈이 걸린 문제에서는 언제나 자신의 판단을 따른다.

526

어떤 사람이 종교를 갖고 나서 더 나빠졌다면, 그 종교는 틀림없이 옳지 않다.

527

어떤 종교도 부자연스러운 종교보다 더 훌륭하지 않다.

528

은총은 우리의 본성을 완벽하게 만들지, 절대로 더 나쁘게 만들거나 망가뜨리지 않는다.

529

은총을 옹호하며 부자연스러워지는 것은 하나의 모순이다.

530

종교가 인간을 전혀 신뢰하지 않는다는 점을 보여주는 방식으로 종교를 옹호하는 것보다 더 나쁜 것은 없다.

531

믿음이 독실한 사람과 교리에 엄격한 사람은 별개이다.

532

우리의 마음이 적절한 경계선을 넘어설 때, 그때 우리가 권하려고 하던 것은 반드시 의심해야 한다.

533

종교에서 격렬한 것은 비종교적으로 독실하기 때문이다.

534

동정심 없는 사람이 인간 이하라면, 그런 사람이 어떻게 기독교인이 될 수 있겠는가?

535

어떤 교회에 대해 적의를 품을 것이라면 차라리 어느 교회에도 소속되지 않는 것이 더 낫다.

536

적의(敵意)는 증오와 아주 가까우며, 그것은 사악함의 극치이기 때문에 마왕의 특성에 속한다.

537

목적이 선하다고 해서 사악한 수단이 정당화되는 것은 아니다. 또 선한 결과가 나올 수 있다는 이유로 악행을 저질러서도 안 된다.

538

어떤 사람들은 자신도 꾸짖고, 비난하고, 증오하고, 강탈하고, 죽일 수 있다고 생각한다. 그러나 그들은 그렇게 할 수 있으면서도 신을 생각하며 그런 짓을 하지 않는다.

539

그러나 우리 안에 있는, 신을 닮지 않은 그 어떤 것도 신을 기쁘게 하지 못한다.

540

신의 심부름을 수행하는 일에 격한 감정을 동원하는 것은, 신의 이름으로 격한 감정을 일시적으로 누그러뜨리는 것만큼이나 주제넘은 짓이다.

541

자비가 수반되는 열의는 훌륭하지만, 자비가 수반되지 않는 열의는 어디에도 쓸모가 없다. 그런 열의는 가까이 다가오는 모든 것을 삼켜 버리기 때문이다.

542

남을 주제넘게 비난하려는 사람은 먼저 자신부터 심판해야 한다. 그 렇게만 한다면, 경우에 어긋나는 일은 절대로 일어나지 않을 것이다.

543

우리는 사랑과 가르침을 통해 용서하거나 설득할 생각을 하지 않고, 너무나 쉽게 보복부터 하려 든다.

544

그럼에도 우리는 우리를 사랑하고 있다고 믿는 사람은 절대로 해치 지 못할 것이다.

545

그렇다면 사랑이 할 수 있는 것이 무엇인지가 드러난다. 만약에 타인들이 우리가 그들을 사랑한다는 사실을 눈으로 확인하기만 한다면, 우리도 곧 그들이 우리를 해치지 않을 것이라는 사실을 확인하게 될 것이다.

546

힘이 압도적이라 할지라도 사랑이 이기는 법이다. 먼저 용서하는 사람이 월계관을 쓰게 된다.

547

만약 내가 적에게 복수한다면, 그 즉시 빚이 청산된다. 그러나 그 빚을 내가 용서한다면, 나는 그에게 영원히 은혜를 베풀게 된다.

548

사랑은 기독교의 가르침 중에서 가장 어려운 가르침이다. 그렇기 때문에 사랑을 배우는 일이 최고의 관심사가 되어야 한다. 탁월한 것은 원래 획득하기 어려운 법이다.

549

신이 우리에게 너무나 많은 것을 허용하고 있는데도 우리가 이웃에 베푸는 것은 너무도 적다는 사실은 모두가 크게 반성해야 할 점이다. 마치 자비가 종교와 아무런 관계가 없거나, 사랑이 신앙과 아무런 관계가 없는 것처럼. 신앙은 사랑에 의해 앞으로 나아가야 한다.

550

사람들은 누구나 죽음에 가까워지면 겸허한 마음으로 돌아가서 그때까지 품었던 온갖 원한을 다 풀게 된다. 그러면 사람들은 서로를 용서하고, 서로를 위해 기도하고, 서로를 사랑하게 된다. 이것은 우리가 건강하고 원기 왕성할 때 서로 반목하고 미워하게 만드는 것이 바로 우리의 이성이 아니라 감정이라는 사실을 보여준다. 그러므로 죽음을 앞둔 사람들이 틀림없이 최선의 삶을 살고 있다.

551

최후의 결산과 심판을 믿거나, 우리가 믿는 것에 대해 평소에 충분히 생각한다면, 우리는 종교 안에서 지금보다 더 많은 사랑을 베풀게 될 것이다. 진정한 종교가 신을 사랑하고 서로를 사랑하는 것에 지나지 않기 때문이다.

552

사랑 속에 사는 사람은 곧 신의 품안에서 살고 있다고, 존경받는 그 사도는 말한다. 인간이 살 수 있는 곳으로 그곳보다 더 훌륭한 곳이 있을까?

553

가장 오래 이어질 혜택을 소중히 여기는 것은 너무나 당연하다. 곧 말은 중단될 것이고, 예언은 실패할 것이고, 신앙은 현세에서 절정에 이를 것이고, 희망은 환희 속에 성취될 것이지만, 사랑은 영원히 남는다.

554

사랑이야말로 정말로 땅 위의 천국이다. 하늘의 천국도 사랑이 없으면 천국이 아닐 테니까. 사랑이 없는 곳에 두려움이 있기 때문이다. 그러나 완벽한 사랑은 두려움을 몰아낸다. 그럼에도 우리는 자연히 가장 사랑하는 것을 해칠까 봐 가장 두려워한다.

555

우리는 사랑하는 것에 귀를 기울이고, 사랑하는 것을 신뢰하고, 사랑하는 것을 섬기는 것은 물론이고 그것을 위해 고통도 겪을 것이다. "너희가 나를 사랑한다면, 나의 계율을 지켜야 한다."고 신성한 우리의 구세주는 말한다.

왜? 그러면 그가 우리를 사랑하고, 우리가 그의 친구가 되고, 그가 우리에게 성령을 보내고, 우리가 원하는 것 무엇이든 받고, 그가 있는 곳에 우리 또한 영원히 있게 될 것이기 때문이다. 보아라, 사랑의 열매들을! 사랑의 힘과 미덕과 혜택과 아름다움을!

556

사랑은 모든 것보다 위이다. 사랑이 우리 모두의 내면에 팽배해질 때, 우리 모두는 사랑스런 존재가 되고, 신을 사랑하고 서로를 사랑하게 되리라.

2부

/

서문

/

이 자그마한 책의 제목(More Fruits of Solitude)은 같은 종류의 책이 앞서 나왔다는 점을 암시하지요. 나는 이 두 권의 책을 당신에게 권하면서 어떤 위험도 느끼지 않습니다.

나는 논쟁을 벌이는 양쪽 중 어느 한 편을 지지하지 않는 책은 그다지 높은 평가를 받지 못한다는 사실을 잘 알고 있지요. 또 이쪽이나 저쪽을 돋보이게 하는 내용이 아니면 어떤 것도 인기를 끌지 못한다는 것도 알고 있지요. 나는 또한 자체의 효용을 바탕으로 가치를 증명하지 못하는 책들은 무가치하다는 것도 알고 있습니다. 이 책이 그 가치를 어느 정도까지 입증하게 될지는 두고 볼 일이지만, 그래도 나는 이 책을 대중 앞에 내놓으며 세 가지 이유로 안심합니다.

첫째, 책값이 싸고, 읽는 데 긴 시간을 요구하지 않는다는 점이지요.

둘째, 보다 예리한 재치와 보다 세련된 취향을 가진 사람들은 이 책이 적절한 만족을 안겨준다고 판단하지 않을지라도, 그들보다 덜 변덕스러운 취향을 가진 사람들과 공적 논쟁에 덜 가담하는 사람들은 유익하다고 판단할 수 있다는 점입니다.

마지막으로, 이 책이 이런 예상과 맞아떨어지는지 여부와 상관없이, 가능한 한 전반적으로 도움이 될 만한 뭔가를 내놓으려고 노력했다는 점입니다. 특히 젊은이들을 염두에 두었으며, 아울러 조금의 겉치레나 이기심이 작용하지 않도록 신경을 많이 썼습니다.

이 글을 쓴 동기를 시기심에서 오해하는 일이 없기를 바랍니다. 이 책의 결함은 어디까지나 저자의 책임이라는 점을 밝힙니다.

윌리엄 펜(1702)

1. 올바른 도덕가

1

올바른 도덕가는 위대하고 선한 사람이지만, 그 때문에 그런 사람은 무척 드물다.

2

도덕가라는 평판을 좋아하는 사람들이 있다. 내가 보기에 그런 사람들은 대개 도덕가라는 타이틀에 어울리지 않는 사람들이다.

3

그런 사람들은 다른 사람의 월급을 떼어먹지 않거나 친구를 배신하지 않으면 도덕가의 자격이 충분하다고 생각한다. 그러나 그들은 남의 월급을 떼어먹는 것은 법으로 금지된 행위이고 친구를 배신하는 근거가 미덕인 예가 거의 없다는 사실을 고려하지 않는다.

4

몹시 탐을 내는 사람은 뭔가를 훔치는 사람보다 더 도덕적인 사람으로 여겨질 수 없다. 그가 마음속으로 도둑질을 하고 있기 때문이다. 또 이웃 사람의 평판을 해치는 사람도 도덕가가 될 수 없으며, 이웃 사람의 사업이나 일에 교묘하게 피해를 입히는 사람도 도덕가가 될 수 없다.

5

어떤 사람이 양복 대금을 제때 지급하면서도 자기 아내를 제대로 돌보지 않는다면, 그 사람도 도덕가일 수 있을까?

6

자기 아버지에게 대들거나, 남편으로서 형편없거나, 나쁜 이웃인 사람에 대해서는 어떻게 생각해야 하는가? 자신의 시간을 허비하고, 자신의 건강을 해치고, 가족이 깊은 관심을 기울이고 있는 재산을 탕진하는 사람은 또 어떻게 보아야 하는가? 그 사람이 임차료를 꼬박꼬박 잘 내고 있다고 해서 진정한 도덕가로 불려야 할까?

7

도덕가연 하는 그런 사람들에게 묻고 싶다. 어떤 사람이 이웃을 속여서 빼앗는 일이 없다 하더라도 신과 자기 자신으로부터 뭔가를 강탈하고 있다면, 그 사람도 도덕가가 될 수 있는가?

8

나 자신은 아무런 빚을 지고 있지 있는가? 아니, 모든 것을 신에게 빚지고 있지 않는가? 빚진 것을 갚는 것이 도덕적인 사람의 조건이라면, 우리는 우리의 기원 자체를, 아니 우리의 모든 것을 빚지고 있는 존재에게 그 빚부터 갚기 시작해야 하는 것이 아닌가?

9

철저한 도덕가는 신으로 시작한다. 그 도덕가는 신에게 신이 받아야 할 것과 자신의 가슴과 사랑과 경의를 전한다. 도덕가의 존재뿐만 아니라 그의 행복까지 풍요롭게 베푸는 신에게.

10

이런 의존과 의무의 감각을 느끼지 못하며 사는 사람은 도덕적인 사람이 될 수 없다. 정직하고 분별 있는 피조물이 되기 위해서는 사랑을 갚고 신에게 복종해야 하기 때문이다.

피조물이라는 표현 자체가 그 사람이 자신의 것이 아니라 창조주의 것이라는 점을 암시한다. 다른 존재의 것을 남용하는 것은 절대로 정직한 일이 될 수 없다.

11

동료 피조물 외에 다른 존재에게는 전혀 빚을 지지 않을 수 있는가? 혹은 보다 중요한 의무들을 무시하면서 사소한 것들을 정확히 지급한다는 사실이 우리가 진 빚을 탕감하고 우리를 옳고 완벽한 도덕가로 만드는가?

12

법정의 합의금이 일반 채무보다 우선적으로 지급되어야 하고, 일반 채무가 청구서나 다른 채무보다 먼저 지급되어야 하듯이, 도덕가는 우선순위에 따라서 자신의 의무들을 고려해야 한다.

가장 먼저, 그가 자신의 존재 자체를 빚지고 있는 신이 있다. 그 다음에는, 건강과 활기를 빚지고 있는 도덕가 본인이 있다. 마지막으로, 인간의 도리에 따른 의무나 금전적인 의무들이 있다. 이런 것들은 그가 다른 사람들이 자신에게 해주기를 원하는 대로 다른 사람들에게 능력껏 해줘야 할 것들이다.

13

요약하면, 도덕적인 사람은 먼저 신을 사랑하고 이웃을 자신처럼 사랑하는 사람, 말하자면 두 가지 계명을 동시에 실천하는 사람이다.

2.세상의 능력자

14

어떤 사람들은 능력자의 성격이 모호하고 이해하기 어렵다고 생각하지만, 나는 그런 인식이 정당하지 않다고 믿는다.

15

만약 능력자가 침묵을 지키고 있어서 이해하기 어려운 사람으로 여겨진다면, 그것이 차라리 더 낫다. 그러나 본심을 의도적으로 숨기는 탓에 그런 소리를 듣는다면, 그런 태도는 불성실하고 혐오스럽다.

16

입이 무거운 것과 기만은 완전히 다르다.

17

공개적이기보다는 자유로운 편인 그런 정직한 사람이 언제나 더 선호된다. 분별력이 정직한 사람의 길잡이 역할을 할 때, 그 사람은 특히 더 사랑을 받는다.

18

이와 정반대의 경향을 찬미하는 것은 곧 악을 찬미하는 것이다. 냉담하거나 모호하거나 사교성이 없는 것은 인간적이지 않기 때문이다. 그런 기질의 소유자들은 군중 속의 소매치기와 비슷하다. 그런 곳에서 당신은 언제나 지갑을 꼭 쥐고 있어야 한다. 혹은 그런 사람들은 저지하지 않으면 반드시 배반하고 마는, 요새 안의 스파이와 같다.

19

이런 것은 인간의 천성과 정반대임에도, 오늘날 세상의 똑똑한 사람들과 정치인들은 꼭 그런 모습을 보이고 있다. 마녀들과 마법사들이 산다고 전해지는 라플란드에서 우수한 것으로 통하는 자질들이 바로 그런 것들이 아닌가.

20

그런 사람들은, 평소의 가발과 옷을 벗고 탈을 쓰지 않은 상태에서는 좀처럼 강탈하지 않는 노상강도처럼, 상황에 따라 늘 겉모습을 바꾼다.

21

그들은 기껏해야 교활한 사람에 지나지 않으며, 정치판의 악한이나 다를 바가 없다.

22

교활한 사람들은 확 트인 광장에서는 현명한 사람에게 힘든 존재가 절대로 되지 못한다. 열린 공간은 그런 사람들이 편안할 수 있는 영역이 절대로 아니며, 그들의 수완을 넘어서는 곳이기 때문이다. 그런 사람들을 신뢰하지 않는 이상, 현명한 사람은 절대로 그들의 덫에 걸려들지 않는다.

23

그러나 교활한 사람들은 냉정하고 용의주도한 사람처럼 보일 수 있다. 그들은 상대방을 기쁘게 하는 경우에 무언가를 얻을 수 있다는 판단이 서면 당연히 그렇게 할 수 있다. 그럼에도, 그런 행동은 신을 기쁘게 하지도 못하고 결국 자신에게도 즐거운 일이 되지 못한다.

24

그들은 자신에게 이익을 안겨줄 명분이면 무엇이든 좇지만, 실패하기라도 하면 크게 낙심한다.

25

자신의 힘으로 막지 못할 일이 있으면, 그들은 그 일을 지나치게 많이 함으로써 확실히 망쳐 놓을 것이다.

26

그런 상황에 처하면, 그들은 자신이 받아들이지 않는 명분을 위해서 누구보다 더 열성적으로 나설 것이다.

27

진정한 감정을 숨기기 위해서라면, 그들이 하지 않거나 하지 못할 일은 세상에 없다.

28

그들은 자신의 이익을 위해서라면 어느 편이나 집단도 거부하지 않으며, 자신의 이익에 도움이 되겠다 싶으면 옳은 일뿐만 아니라 나쁜 일에도 서슴지 않고 손을 댈 것이다.

29

아니, 그들은 대체로 가장 나쁜 것을 선택한다. 그것이 그들에게 최고의 뇌물을 안기기 때문이다. 그들의 관심사는 언제나 돈이니까.

30

얻을 것이 있는 곳이라면, 그들은 어떤 바람이 불든 상관없이 항해에 나설 것이고 절대로 자신의 길을 벗어나지 않는다.

31

그들은 꼭 사략선[17]의 선장처럼 어딜 가나 맹금처럼 설친다.

32

그들은 자신 외에는 누구에게도 진실하지 않으며, 모든 사람과 모든 집단에 불성실하며, 모든 것은 그들의 목적에 이바지해야 한다.

---

17 전쟁을 치르는 동안에 적선을 나포할 권리를 가진 민간 무장 선박을 말한다.

33

그들과 아무리 자주 만나 대화하더라도 그들이 양질의 경화(硬貨)로 지불하는 경우는 절대로 없다. 그들의 주화는 가짜이거나 가장자리를 깎아낸 것이다.

34

그들로부터 부정적인 가르침을 끌어낸다면, 그들로부터는 어떤 것도 배우지 말라는 것이다. 그들의 행위는 훌륭한 명분에 황동으로 만든 가짜 하프 크라운[18]을 내놓는 것과 다르지 않으니까. 그것은 진짜도 아닐뿐더러 받는 사람을 속이기까지 한다. 나는 그런 태도를 부도덕이라고 부른다.

35

침묵이 훨씬 더 바람직하다. 침묵은 본인의 명예뿐만 아니라 비밀까지 지켜준다.

36

마음에도 없는 말을 남발하는 사람들은 여러 면에서 철저한 사기꾼이 된다. 특히 종교와 정치에서, 그런 행태는 대단히 파괴적이다.

---

18 1526년 헨리 8세 시대부터 발행되어 1970년까지 유통되었다. 처음에 금으로 만들었다가 나중에는 은으로 제작되었다.

37

똑같이 집안도 좋고 겉으로 보기에 최고의 우정을 나누는 것 같은 두 사람이 서로를 속이거나 서로로부터 정보를 빼낼 목적으로 자신의 견해와 정반대로 말하는 것을 듣는 것은 덕과 품격을 갖춘 사람에게 너무나 우울하고 불쾌한 일로 다가온다.

38

그러나 그런 비열함이 유능한 사람의 두드러진 특성이라는 사실은 곧 지혜가 있어야 할 자리에 있지 못하고 그 자리를 협잡꾼인 기만이 차지하고 있다는 뜻이다. 우리의 타락한 본성을 이보다 더 생생하게 보여주는 그림이 있을까?

39

앞에서 언급한 두 사람 사이의 수완 시합은 어느 쪽이 상대방의 말을 믿지 않을 수 있는지를 가리는 것이다. 약하거나 선한 본성을 가진 까닭에 먼저 힘이 빠지며 상대방의 말을 믿는 사람이 속아 넘어가게 되는 것이다.

40

사람의 마음이 언제나 입에게 거짓말을 전달하거나 입이 마음에게 언제나 거짓 경고를 보내는 태도에 따르는 이득이나 그런 태도가 필요한 이유에 대해 나는 전혀 아는 바가 없다. 모든 사람들에게 자신을 믿지 말라고 가르치는 사람은 누구든 오랫동안 신뢰를 받지 못하게 될 것이니 말이다.

대단히 유능한 사람도 이따금 신용을 필요로 하는데, 그들이 사람들에게 습관적으로 꾸며 보이는 허식의 이점은 도대체 무엇인가?

41

엘리자베스(Elizabeth) 1세 여왕(1533-1603)의 훌륭한 신하 중 한 사람이 자기 친구에게 한 조언에 관한 글을 읽은 기억이 난다. 그 사람은 이렇게 말했다. "내가 궁정에서 다른 사람들보다 유리했던 점은 나의 경우에 언제나 생각하는 바를 그대로 말한다는 사실이야. 그렇게 해도 다른 사람들이 나의 말을 믿지 않았기 때문에, 나는 그런 자유로 인한 피해를 전혀 입지 않는 가운데 양심을 깨끗하게 간직할 수 있었다네."

이 에피소드는 이 악의 역사가 우리 시대보다 더 길다는 점을, 또 그 악을 피하는 최선의 길이 도덕성이라는 점을 보여주고 있다.

42

다른 사람들의 의견에 아첨하지 않고, 자신의 의견을 숨기지 않거나 자신의 의견과 모순되는 행동을 하지 않는 것은 틀림없이 정직할 뿐만 아니라 현명하기도 하다.

43

말을 조심스레 가려 하거나, 진실을 말하거나, 편견이 실리지 않은 것에 대해서만 말하는 것이야말로 가장 올바른 대화의 길이다.

44

얼굴 가리개(vizard mask)[19]를 하지 않은 상태로는 좀처럼 밖으로 나가지 않는 여자들은 절대로 최고의 평판을 누리지 못한다. 그러나 이 모든 잔꾀와 위장이 무엇을 위한 것인지를 고려한다면, 그 같은 태도는 현명한 남자에게 의심과 혐오감을 불러일으킨다. 어쩌면 그런 태도는 아버지나 형제, 주인, 친구, 이웃 또는 자신의 집단을 저버리는 것일지도 모른다.

45

"멋진 정복"이로군! 고귀한 그리스인들과 로마인들은 그런 배반을 몹시 혐오했다. 마치 통치가 상스럽고 교활한 기만 없이는 불가능하다는 듯이, 또는 그런 악한들이 통치에 가장 든든한 버팀목이라는 듯이 굴다니. 악한들이 통치의 목적을 더없이 저급하게, 또 더없이 심각하게 왜곡할 뿐인데도 말이다.

46

그러나 "멋진 정복"이 하나의 금언처럼 자리 잡았다는 사실은 우리 시대의 타락상을 너무나 잘 보여준다.

---

19 16세기에 여자들이 햇빛으로부터 피부를 보호하기 위해 쓴 검정색 벨벳 가리개를 말한다. 햇볕에 그을린 피부는 바깥 노동을, 따라서 가난을 암시한다고 해서 그 시대의 여성들은 피부를 희게 유지하려고 가리개를 썼다.

47

쓸모 있는 악한이라 불리는 유형이 있다는 소리를 들은 바가 있지만, 그 말을 나는 언제나 어리석거나 교활한 말로, 또는 적어도 비행(非行)에 대한 변명으로 받아들였다.

48

악한이 최고의 관리가 될 수 있다고 생각하는 것은 매춘부가 최고의 아내가 될 수 있다고 생각하는 것만큼이나 터무니없다.

49

더욱이, 악한을 고용하는 행위는 기만을 처벌하기는커녕 오히려 고무하게 되며, 그와 동시에 미덕에 대한 보상을 배제한다. 또는 그런 정책은 적어도 세상 사람들로 하여금 국가가 대중에 이바지할 정직한 사람들을 충분히 배출하지 않는다고 믿도록 만든다.

50

당신은 공직자인가? 그렇다면 당신의 거주 지역에서 청렴한 성격의 소유자라는 평을 듣는 사람들을 선호하라. 그런 사람들은 천성적으로 의무를 정당하게 이행할 것이고, 재산을 모으는 유혹 따위에는 절대로 넘어가지 않을 것이다. 그런 사람들이 드물긴 하지만, 그래도 공직에 고용되는 사람들의 숫자보다는 확실히 더 많다.

51

당신은 일반 시민인가? 당신이 맺는 인간관계에 제한을 두고, 줏대 있는 사람들을 친구로 선택하라. 그런 사람들은 명예가 이끌지 않을 때에는 그 자리에서 멈추고, 저급한 굴종을 통해 평화와 평판을 잃느 니 차라리 시대와 조화를 이루지 못하는 불명예를 기꺼이 감수하려 들 것이다.

3. 현명한 사람

52

현명한 사람은 자신을 본보기로 삼으며 스스로를 관리한다. 그가 하는 것이 언제나 최선이기 때문이다. 여기서 가장 훌륭하다고 하는 것은 도덕적이고 분별 있다는 의미에서 최고라는 뜻이지, 사악한 의미로 최고라는 뜻이 아니다.

53

현명한 사람은 정의로운 목적을 제시하고, 그것을 이루기 위해서 가장 공정하고 가장 확실한 수단과 방법을 이용한다.

54

현명한 사람의 목표와 그런 목표를 잡은 이유가 언제나 명쾌하게 이해되지는 않을지라도, 그의 행동들은 늘 서로 조화를 이루며 하나로 결합되고, 그의 행위는 노련한 장인을 닮았다. 현명한 사람은 시험 대상이 될 때마다 늘 지혜와 지조의 분위기를 풍긴다.

55

현명한 사람은 정도(正道)를 벗어난 수단으로 스스로를 이롭게 하거나 주제넘게 정치판에 뛰어드는 것을 혐오한다. 정당한 일이라면 정당하게 성취할 수 있는 길이 반드시 있기 때문이다.

56

선한 결과가 나올 수 있다는 이유로 악을 행하는 것은 얼치기 정치인과 어설픈 도덕가에게나 어울린다.

57

그런 짓은 치료하지 못하는 환자의 팔을 자신의 무지를 감추고 자신의 명성을 지키기 위해서 잘라 버리는 의사의 행위와 비슷하다.

58

현명한 사람은 신중하지만 교활하지 않으며, 분별 있지만 간사하지 않다. 그가 삶을 영위하며 탁월한 이해력을 이용할 때 근거로 삼는 척도는 바로 미덕이다.

59

현명한 사람은 역량이 있고 준비도 되어 있지만, 매사에 확실한 발판이 있는 경로를 찾는다. 그는 타인의 감정을 해치지도 않고 자신의 감정을 쉽게 다치지도 않는다. 그는 그릇된 일 앞에서 그 일을 용서하지는 않아도 언제든 기꺼이 화해하려 든다.

60

현명한 사람은 절대로 헐뜯지도 않고 비판하지도 않는다. 그는 조롱과 농담을 혐오한다. 그는 유쾌하지만 경박하지 않다. 그는 오직 실질적인 것만을 다루고, 나머지는 세상의 장난감 가게들을 위해 남겨 놓는다. 그런 가게들은 그의 관심과는 거리가 너무나 멀기 때문에 그에게는 오락의 역할조차 하지 못한다.

61

그는 언제나 자기 나라를 더욱 고결하게 만들거나, 나라의 평화와 자유를 지키거나, 가난한 사람들을 고용하거나, 땅을 개량하거나, 교역을 확장하거나, 악을 퇴치하거나, 근면을 권하거나, 실용적인 온갖 지식을 고무한다. 그런 일들이 정부의 관심사가 되어야 하고, 국민들의 칭송과 찬사의 대상이 되어야 하기 때문이다.

62

끝으로, 현명한 사람은 정의롭고, 신을 두려워하고, 탐욕을 혐오하고, 악을 피하고, 이웃을 자기만큼 사랑한다.

4. 생각 관리

63

인간은 합리적으로 생각하는 존재로 창조되었다. 따라서 생각을 옳은 방향으로 이끌며 제대로 이용하려고 노력하는 것보다 인간의 존재에 더 가치 있는 일은 없다. 인간이 사회에 이바지할 수 있는 능력과 그 인간 본인이 현재와 미래에 누릴 혜택은 똑같이 모든 측면에서 그런 노력에 좌우된다.

64

이 문제를 놓고 생각하다 보면, 인류의 슬픈 처지를 종종 한탄하지 않을 수 없다. 인류는 지금 생각들이 뒤죽박죽 너무 혼란스럽게 뒤섞인 탓에 무슨 일에서든 옳거나 성숙한 판단을 좀처럼 내리지 못하고 있다.

65

지금 세상에서 목격되고 있는 불확실성과 혼동, 그리고 그런 것들을 야기하는 무절제한 열의는 바로 그 같은 혼란 때문이다.

66

또 그 탓에, 우리는 사물들을 완전하게 이해하지 못하고, 보다 훌륭한 이해력을 확보하는 일에서도 느리게 나아가는 모습을 보이고 있다. 그런 우리는 이집트에서 약속의 땅 가나안으로 가는 데 1년이면 족할 것을 40년이나 걸린 이스라엘의 사손들과 비슷하다.

67

간단히 말하면, 지금 우리가 겪고 있는 불행의 전부는 아니더라도 일부는 형편없는 생각 관리의 탓으로 돌려져야 한다.

68

그러므로 당신의 머리를 명료하게 정리하고, 당신의 생각을 제대로 조직하고 관리하도록 하라. 그러면 시간도 아끼고, 일도 더 잘 파악하고 더 잘 처리할 것이다. 당신의 판단력이 명확해지고, 당신의 마음이 자유로워지고, 당신의 능력이 보다 커지고 보다 완전해지기 때문이다.

69

당신의 생각을 현재의 일로 제한하는 것을 늘 잊지 않도록 하라.

70

당신의 생각을 종교적인 의무에 초점을 맞춰야 하는 때에는 그것 외에 다른 일이 생각에 끼어들지 않도록 하라. 세속의 문제를 다룰 때에도 마찬가지로 똑같이 제한을 두도록 하라.
그러면 당신은 각각의 문제에 당신 자신을 온전히 바침으로써 같은 시간에 일을 두 배 많이 처리할 것이다.

71

정신이 조금이라도 과로했다는 판단이 들면, 육체적이거나 손을 쓰는 성격이 강한 일에 초점을 맞춤으로써 정신을 편안하게 놓아주도록 하라. 그런 경우에 이해력을 떨어뜨릴 다른 정신적인 문제에 초점을 맞춰서는 안 된다. 그것은 이미 글을 적은 곳에다가 다른 글을 적는 것이나 마찬가지여서, 단지 이전의 인상을 흐릿하게 지우거나 읽지 못하게 만들 뿐이다.

72

관심이 가장 덜 분산된 사람들이 언제나 자신의 일에 대해 가장 잘 설명한다.

73

그러므로 늘 현재의 주제를 추구해야 한다. 그것을 완벽하게 정복할 때까지. 어쩌다 한 가지 이상의 이슈를 처리해야 하는 상황에 처하게 되면, 가장 중요하고, 시간이 날 때까지 기다려줄 수 없는 한 가지 이슈를 선택하라.

74

다양한 문제들의 중요성을 제대로 판단하지 못한다면, 당신은 언제나 바삐 움직이면서도 틀림없이 별로 진척을 이루지 못할 것이다.

75

정말로 필요 이상으로 많은 일을 근본적인 것으로 여기지 않도록 하라. 당신 자신을 위해서 일을 더욱 늘릴 것이 아니라, 되도록 일을 줄이도록 하라.

76

어떤 일을 추구하든, 지나치게 열심히 매달리지 마라. 성급한 사람들이 제대로 판단도 하지 않고 행동부터 앞세우는 일이 너무나 잦고, 가끔은 후회하는 일까지 벌어지기 때문이다.

77

시대를 앞서 사업을 벌이는 사람은 보다 느긋하게 뒤따르는 사람이 차지하도록 뒤에 무엇인가를 남겨 놓게 된다. 그런데 그것이 결코 씨앗을 뿌리지 않은 사람들에게도 알찬 추수가 되는 것으로 종종 드러난다.

78

천성적으로 느린 사람들이 보다 활발하게 움직이는 사람들보다 이점을 누릴 수도 있다. 그런 사람들은 앞서 이끌지는 않지만 아무런 방해를 받지 않고 뒤를 잘 따르면서 앞의 사람들이 떨어뜨리고 간것을 거둘 수 있다.

79

요약하면 이렇다. 당신의 생각을 당신의 일이 요구하는 방향으로 사용하라. 각각의 이슈에 그 가치와 긴박성에 따라 어떤 장소를 부여하라. 모든 것을 시간을 들여 잘 검토하고 소화시키도록 하라. 그러면 당신은 많은 실수와 불필요한 상황을 피할 것이며, 삶을 사는 동안에 많은 시간을 절약할 것이다.

5.시기심

80

타인의 선한 행동을 과소평가하고 타인의 나쁜 행동을 더욱 나쁘게 떠벌리는 것은 사악한 가슴의 두드러진 특징이다.

81

어떤 사람들은 자신은 좋은 평판을 얻기를 바라면서도 타인에 대해서는 좋게 말하기를 꺼린다. 아마 그 같은 태도는 사악한 가슴 때문일 것이다.

82

그러나 타인이 마땅한 것을 누릴 경우에 자신이 초라해진다고 생각하는 사람은 틀림없이 잘못 판단하고 있다.

83

타인이 자신의 강점에 따른 보상을 누리는 것을 시기하는 사람은 대체로 야망에 비해 강점을 제대로 갖추지 않고 있다. 분명히, 타인이 칭송을 듣는 것을 가만히 지켜보지 못하고 그 사람이 누려야 할 것을 강탈하려 드는 것은 사악한 본성이다.

84

그것은 판단력의 실수이기보다는 의지의 실수이다. 그것이 이성의 결과가 아니라 감정의 결과이기 때문이다. 따라서 우리가 편향적인 평가를 내릴 위험은 그만큼 더 크다.

85

다른 사람의 행동이 지닌 가치가 공평한 마음의 소유자에게는 뚜렷이 보이는데도, 그 사람의 행동을 과소평가하는 것은 시기에서 비롯될 뿐만 아니라 부당한 짓이기도 하다.

86

타인의 강점과 명성을 끌어내리려는 행위보다 인간의 어리석음과 비열한 기만을 더 확실하게 보여주는 것은 없다.

87

다른 사람이 정당한 권리를 누릴 때, 어떤 사람들은 그 같은 사실 때문에 자신의 가치가 떨어진다고 생각한다. 그래서 그들은 자신의 장점을 돋보이게 하기 위해 끊임없이 잔꾀를 부린다.

88

이런 시기심은 자만의 자식이며, 타인을 속이는 데 성공하기는커녕 오히려 타인에게 불안감을 안겨준다.

89

시기는 자비를 위선이라고 부르고, 절제를 갖추지 못한 것에 대한 숨겨진 갈망이라고 부른다. 시기는 또한 겸손을 간사함이라고 부르고, 관대함을 인기를 얻으려는 노력이라고 부른다.

한마디로 말해, 시기의 눈에는 모든 미덕은 음모일 뿐이며, 종교는 사욕을 챙기는 수단일 뿐이다. 매우 훌륭한 자질에 대한 얘기도 그 장점을 약화시키고 칭송을 잠재울, "그런데"라는 표현을 빼놓지 않는다. 시기는 기질 중에서 가장 저급하며, 시기심에 빠진 사람은 최악의 인간이다.

90

그러나 정의롭고 고결한 마음은 다른 사람의 성공에 즐거워하고 그 사람에 대해 칭송을 아끼지 않는다.

91

미덕을 사랑하는 사람들은 미덕이 보상 받는 모습을 보면서 만족감을 느끼며, 그런 사람들은 줄이기를 혐오하는, 미덕의 특성을 공유할 자격을 갖추고 있다.

6. 인간의 삶

92

왜 우리 인간은 우리의 손으로 만든 작품보다 수명이 짧을까? 이곳이 우리가 영면할 곳이 아니기 때문이다.

93

우리 자신이 영원히 머물 수 없는 곳에 마음을 쏟아야 하는 것은 우리 인간이 감내해야 할, 위대하고 정의로운 멍에이다.

94

우리와 함께 가서 우리를 위한 저택을, 시간이 우리에게나 저택에게나 똑같이 어떤 권력도 행사하지 못하는 곳에 건설할 선행(善行)에 더 많은 관심을 기울이는 것이 더 현명하지 않을까?

95

가장 훌륭하고 가장 오래 지속될 우리의 집으로 가는 길을 그토록 자주 잃어버리는 것은 슬픈 일이 아닐 수 없다.

7.야망

96

지나치게 높이 날아오르는 사람들은 종종 처참하게 추락한다. 그 때문에 낮고 평탄한 곳에 머무는 것이 오히려 더 바람직하다.

97

높이 우뚝 솟은 나무는 그만큼 바람을 온몸으로 강하게 받는다. 그와 마찬가지로, 야심적인 사람들은 운명의 돌풍에 강하게 휘둘리기 때문에 굴곡진 삶을 살기 마련이다.

98

야심적인 사람들은 많은 사람들의 관찰과 시기의 대상이 되고, 프라이버시가 거의 허용되지 않고, 사람들의 입방아에 끊임없이 오르내리는데, 그런 것이 종종 그들에게 불리하게 작용한다.

99

그런 식으로 폭풍우에 노출된 건물들은 단단한 토대를 필요로 한다.

100

훌륭한 작품은 그 자체로 명성을 뒷받침하는 반석이지만, 형편없는 작품은 재난이 닥치기라도 하면 금방 무너지고 마는, 모래로 다진 토대이다.

101

진정으로 말하건대, 권력을 가졌을 때 불행한 사람들에게 동정심을 보이지 않은 사람들은 추락할 때 어떤 연민도 기대하지 못한다.

102

야망은 최악의 병에 포함된다. 언제나 갈망하고, 목말라하고, 불안해하고, 증오하고, 섬망 상태에 빠져 있고, 성공에도 만족하지 못하고, 낙담하는 경우에 더없이 격한 복수심에 불타니 말이다.

8. 칭송과 갈채

103

우리는 칭송을 너무나 사랑하지만, 칭송을 받을 자격을 갖추고 있지는 않다.

104

그러나 칭송을 받을 자격을 갖추길 원한다면, 칭송 이상으로 미덕을 사랑해야 한다.

105

우리 안에 특별히 쉽게 감동을 받거나 기만당하는 감정 같은 것은 전혀 없기 때문에, 우리가 남을 칭송할 때나 남으로부터 칭송을 들을 때나 특별히 조심해야 할 것은 아무것도 없다. 왜냐하면 다른 사람을 칭송하는 경우라면, 우리가 칭송의 뜻을 전하면서도 틀림없이 거기에 제한까지 둘 것이기 때문이다.

106

칭송에 인색하다면, 그런 태도는 경쟁심을 보여주고, 칭송이 과하다면, 그런 태도는 아첨을 보여준다.

107

칭송도 적절해야 한다. 지나친 칭송은 진실하지도 않을 뿐만 아니라 구역질나게 한다. 게다가, 지나친 칭송은 고결한 사람들을 괴롭힌다. 고결한 사람들은 자신의 행동에 마땅히 따르는 칭송의 소리를 듣는 것 자체에도 불편해할 수 있다.

108

고결한 사람들에게는 박수갈채를 받는 것보다 갈채를 받을 일을 하는 것이 훨씬 더 편하다. 지나친 칭송을 들을 때, 그들은 자신뿐만 아니라 칭송하는 그 사람까지 강하게 의심하게 된다.

109

그러나 솔직히 말해서 이 측면에 많은 주의를 기울일 필요는 없다. 왜냐하면 세상이 칭송을 들을 자격을 갖춘 사람을 공정하게 대하는 경우가 무척 드물기 때문이다.

110

그럼에도 칭송 앞에서는 아무리 신중해도 지나치지 않다. 우리가 어쩌다 왜곡된 거울에 비친 자신의 모습을 보게 된다면, 틀림없이 자신이 정당하게 누릴 수 있는 것에 대해 잘못 알게 될 것이기 때문이다. 우리는 진실한 것보다는 유쾌하게 다가오는 것을 믿는 경향이 강하기 때문에, 타인의 알맹이 없는 칭송에 터무니없이 우쭐하게 된다.

111

그러니 당신의 귀에 들리는 칭송의 말을 언제나 에누리하여 들도록 하라. 그렇게 하지 않으면 당신은 스스로를 위험에 노출시키고 스스로를 기만하게 된다.

112

당신 자신에 대한 과대평가는 여러 면에서 위험한 엉터리 안전감을 안겨준다.

113

우리는 누릴 자격을 갖춘 그 이상으로 많은 것을 기대하며, 우리에게 주어지는 모든 것을, 마치 누릴 자격을 갖춘 것처럼 받는다. 그리고 우리가 생각하는 것 만큼 자주 우리를 생각해주지 않는 사람들과는 사이가 벌어진다.

114

요약하면, 자신을 과대 평가하는 것은 우리의 판단력을 훼손시키고 우리를 위험에 빠뜨림과 동시에 우스꽝스럽게 만드는 감정이다.

115

그러므로 칭송을 좋아할 것이 아니라, 칭송을 초래할 미덕을 추구하도록 하라.

116

그럼에도, 당신의 강점을 낮춰보거나 숨기지 않도록 하라. 당신의 강점을 과대평가하면 안 되는 것과 똑같은 이치이다. 겸손은 미덕이지만, 짐짓 꾸미는 겸손은 절대로 미덕이 아니다.

9. 언행

117

질문은 자주 하되, 판단은 되도록 삼가도록 하라. 그러면 오해를 부를 일이 많지 않을 것이다.

118

가르치는 것보다 배우는 것이 더 안전하며, 자신의 의견을 드러내지 않는 사람은 해명할 것이 전혀 없다.

119

자만심과 분노는 종종 우리가 말을 하고 나서도록 자극하며, 그런 경우에 우리는 거의 틀림없이 패자가 된다. 자만심에서 나오는 말은 판단력과 겸손의 결여를 드러내고, 분노에서 나오는 말은 자제력의 결여와 신중의 결여를 드러내기 때문이다.

120

그렇다고 내가 말이 없는 사람을 존경한다는 뜻은 아니다. 자신을 타인에게 좀처럼 열지 않으려 드는 사람도 마찬가지로 부자연스럽다. 그러나 말을 삼가는 것이 어쨌든 미덕이라면, 그것은 어디까지나 군중 속에서나 나쁜 일행 속에서 그러하다.

121

또한 말을 할 때 허세를 부리지 않도록 조심하라. 그런 태도가 종종 일을 그르치고, 언제나 약점을 드러내기 때문이다.

122

적절히, 그리고 가능한 한 작은 수의 단어로 말하되, 언제나 분명하게 말하도록 하라. 말의 목적은 듣는 사람에게 강한 인상을 남기는 것이 아니라, 당신 자신을 이해시키는 데 있다.

123

실제적인 내용보다 그럴 듯한 말을 선호하는 사람은 자신이 가진 적은 양의 알맹이마저 바싹 말려버릴 것이다.

124

양식(良識)을 갖춘 사람은 자신을 이해시키는 데 필요한 단어들을 반드시 발견하게 되어 있다.

125

그러나 대화에서도 약종상에서처럼, 쓸모없거나 거의 가치 없는 물질을 담은 항아리들이 소중한 약재를 담은 항아리처럼 번드르르하게 다듬어지고 장식되는 예가 너무나 잦다.

126

사소한 문제를 미사여구로 장황하게 질질 끄는 태도는 혐오감을 불러일으킨다. 그것은 인도의 태피스트리나 그것과 비슷한 다른 재화를 모방하기 위해 리넨 같은 재료를 이용하려는 현대의 시도보다 더 나쁘다. 한마디로 말해, 그런 말은 전혀 가치가 없으며, 쓰레기나 다름없다.

10. 친구들의 영적 결합

127

이 세상을 뛰어넘어 사랑하는 사람들은 이 세상에 의해서 결코 분리될 수 없다.

128

죽음도 절대로 죽지 않는 것은 결코 죽이지 못한다.

129

똑같이 진정한 신앙 속에서 서로 사랑하며 살아가는 영(靈)들은 절대로 분리될 수 없다. 신앙은 그들의 우정의 원천이자 증거이다.

130

부재(不在)가 죽음이 아니라면, 그들의 부재도 죽음이 아니다.

131

죽음은 이 세상을 건너는 것에 지나지 않는다. 친구들이 대양을 건너듯. 그래도 친구들은 서로의 안에서 여전히 살아 있다.

132

어디에나 존재하는 절대자의 안에서 사랑하며 사는 사람들은 여전히 거기에 있기 때문이다.

133

이 신성한 거울 속에서, 그들은 서로 얼굴을 마주보고 있으며, 그들의 영적 교감은 순수할 뿐만 아니라 자유롭기도 하다.

134

이런 것이 친구들의 위안이다. 그들이 죽었다는 소리를 들을지라도, 그럼에도 그들의 우정과 교제는 불멸이기 때문에 최고의 의미에서 영원히 존재한다.

11. 진정한 삶의 여유

135

음식과 옷 등에서 충족시키기 힘든 까다로운 취향으로부터 자유로운 것만 해도 얼마나 큰 행복인지 모른다.

136

지나치게 세련되어 쉽게 만족하지 못하는 취향은 성가실 뿐만 아니라 천하기까지 하다.

137

자신을 즐기기 위해 갖춰야 하는 조건이 너무 많은 사람들은 자신의 자유와 위안의 폭을 스스로 좁히고 있다.

138

편안한 마음으로 삶을 사는 것이 인생의 즐거움 중 큰 부분을 차지하는데도, 까다로운 기질의 사람들은 언제나 그런 삶을 놓칠 것이다.

139

그러므로 자연스럽고 소박한 양육이 세련되고 섬세한 양육보다 더 바람직하다.

140

적은 것으로 살아가는 법을 배운 아이들은 부모의 지혜에, 많은 것을 물려받은 아이들이 부모의 보살핌에 입은 은혜 그 이상으로 많은 은혜를 입고 있다.

141

아이들은 엄격하고 강인하게 양육할수록 좋다. 그런 양육은 아이들을 더없이 가혹한 섭리도 버텨낼 수 있도록 다듬는 외에, 아이들을 더욱 강하고 능동적이고 건강한 존재로 만든다.

142

틀림없이, 그런 양육은 아이의 정신의 자유를 크게 키우고 향상시킬 것이다. 그러면 아이의 정신은 감각적 감수성을 섬기는 감각의 노예가 되지 않고 감각을 잘 이용할 것이다.

143

생리적 욕구에 곧바로 대답해야 하듯이, 감각적 감수성도 금방 충족되기 마련이다.

144

옛날 사람들을 떠올릴 때, 그들이 청년들을 유용한 방향으로 엄하게 훈련시켰다는 사실을 확인하는 것보다 더 중요한 것은 없다.

145

지혜와 철학이 청년들에게 방종을 경멸하고 삼갈 것을 가르칠 때까지, 옛날 사람들은 노동을 통해서 청년들의 방종을 예방했다.

146

그러므로 영혼의 자유에 대해서는 제대로 알지 못하고 무관심하면서도 육체의 쾌락을 열심히 추구하는 것은 심각한 잘못이다.

12. 경솔과 불합리한 편향

147

시민권이 침범당하면, 사람들은 지대한 관심을 쏟으며 온 곳에서 노여움과 불평을 쏟아낸다. 그러면서도 사람들은 우리라는 존재 중에서 보다 훌륭하고 보다 고결한 부분이 최악의 침략자인 죄에 사로잡혀 죄의 노예가 되는 현실 앞에서는 침묵을 지킨다.

148

세속적인 문제들의 원인인, 신에 대한 불복종에서 벗어날 수 있을 때까지, 우리가 그런 문제들로부터 자유로워지기를 바라는 것은 헛된 일이다.

149

신이 우리로부터 받아야 할 것을 돌려받을 때, 신은 우리 인간들끼리도 서로 주고받을 것을 청산할 시간을 충분히 줄 것이다.

150

제대로 이해하기만 한다면, 우리가 세속의 즐거움을 추구하는 동안에 여러 가지 방해물을 만나는 것은 대단한 행운이다. 그런 것들로 인해, 우리가 베푸는 그분을 잊지 않게 되고, 그분의 선물을 숭배하

지 않게 되고, 우리의 종국적 낙원이 아닌 이곳에서 우리의 행복을
끝내지 않게 되니 말이다.

151

우리의 손실은 종종 우리의 죄에 의해 심판이 되고, 우리의 참회에
의해 자비가 된다.

152

게다가, 세속적인 것으로부터 진정한 가치 그 이상을 기대하는 것은
우리 안에 큰 어리석음이 자리 잡고 있다는 사실을 보여주는 증거이
다. 우리가 느끼는 실망의 크기가 종종 사물의 가치와 관계있는 것이
아니라, 그것에 대한 과대평가와 관계있기 때문이다.

153

따라서 인간들은 자신이 즐기거나 잃은 것에 대한 평가를 제대로 하
지 못함으로써 스스로 비참을 키운다.

154

이 세상의 모든 것에 두루 적용되는 한 가지 조건이 있다. 그 조건을
우리 모두는 각자의 책임으로 지켜야 한다. 바로 무엇보다 신을 사랑
하고, 최후의 심판을 늘 생각하며 살아야 한다는 것이다.

13. 의견 형성

155

모든 일에서, 이성이 지배해야 한다. 한 가지 의견을 확고하게 고수하는 것과 완고한 것은 꽤 다른 문제이다.

156

한 가지 의견을 고수하는 것은 합리적일 수 있지만, 완고하게 구는 것은 옹고집이다.

157

설득당하지 않는 것이 목적인 경우에, 그때는 주장이 뚜렷할수록, 완고함도 더욱 강해진다.

158

그것은 진리보다 즉흥적인 생각을 더 소중하게 여기고, 합리적인 제안보다 완고한 자만을 더 선호하는 것이나 다름없다.

159

진리 앞에 머리를 숙이는 것은 인간으로서 누릴 수 있는 영광이다. 남의 간청을 쉽게 들어주는 것이 선한 본성의 표시이듯이.

160

짐승들은 본능에 따라 행동하지만, 인간은 이성을 바탕으로 행동해야 한다. 그렇게 하지 않으면, 인간은 신이 만든 조금 더 나은 짐승에 불과할 뿐이다. 그러면 가장 훌륭한 것의 타락이 가장 역겹다는 격언이 진리라는 사실이 증명된다.

161

이성이 판사로 나서지 않는 곳에서, 합리적인 의견은 언제나 위험에 처하게 된다.

162

교육과 조상들의 전통도 어느 정도 존중되어야 하지만, 진리가 언제나 우위를 차지해야 하고 또 그럴 자격을 갖추고 있다.

163

만약에, 테오필로스(Theophilus)[20]와 티모시(Timothy)[21]처럼, 우리가 최상의 것들에 대해 알 수 있는 환경에서 성장했다면, 그것은 큰 이점이 아닐 수 없다. 그러나 그들이나 우리나 똑같이, 그 최상의 것들의 진실성을 시험하는 것으로는 아무것도 잃지 않는다. 그렇게 함으로써, 우리가 최상의 것들의 진실성과 그것들의 진정한 가치를 배우

---

20 '누가복음'과 '사도행전'에 언급되는 인물이다. 테오필로스라는 이름은 '신의 친구'라는 뜻이다.

21 바울로의 제자로, 기독교 신앙 속에서 성장한 사람의 예로 여겨진다.

게 되기 때문이다.

164

진리는 조사에 의해서는 절대로 토대를 상실하지 않는다. 왜냐하면
진리가 무엇보다도 이치에 맞기 때문이다.

165

자명한 것은 다른 권위를 전혀 필요로 하지 않는다.

166

만약 나의 이성이 어떤 원리의 편에 서 있다면, 내가 무엇으로 그 원
리를 반박하거나 거부할 수 있겠는가?

167

인간들이 서로를 합리적으로 고려하기만 하면, 그들은 서로의 차이를
조정하거나 그 차이를 보다 우호적인 방향으로 지켜나갈 것이다.

168

그러므로 별도의 설명 없이 그 자체로 명백한 것을 표준으로 삼도록
하자. 그래도 판단은 모든 사람이 스스로 해야 한다.

169

이성은 태양처럼 누구에게나 공통적이다. 그럼에도 우리의 마음이

하나같지 않은 것은 모든 것을 동일한 빛과 동일한 척도로 조사하지 않기 때문이다. 모든 사람이 그런 목적에 동원할 이성을 갖고는 있지만, 모두가 다 그 일을 위해 이성을 선택하지는 않는 것이다.

14. 신앙의 외적 표현

170

형식은 훌륭하지만, 형식만을 강조하는 의례는 훌륭하지 않다.

171

가장 훌륭한 의식(儀式)들 안에 그야말로 형식적인 것이 너무나 많이 포함되어 있는 것은 아닌지 걱정된다.

172

사람들의 봉헌에도 이 구분을 적용하는 것이 절대적으로 필요하다. 너무나 많은 사람들이 자신의 행동에서 쉽게 위안을 느끼기 때문이다. 의무를 어떤 식으로 수행하는가 하는 문제가 중요한데도 말이다.

173

행동의 품격을 좌우하는 것이 마음의 틀이라는 점을 고려한다면, 내적 준비가 외적 행동보다 더 강조되어야 한다.

15. 신에 대한 저급한 인식

174

인류가 형편없는 처지에 빠져 있다는 사실을 보여주는 것으로서, 인간이 신에 대해 품고 있는 부적절한 인식보다 더 확실한 것은 없다. 신에 대한 인식은 인간이 신을 기쁘게 하려고 노력하는 방식을 통해서 드러난다.

175

인간은 아주 많은 의례와 외적 형식의 봉헌이 신을 이롭게 한다고 생각하는 듯하다. 그러나 신은 그런 의례와 봉헌에, 인간의 순종을 확인하고 그것을 통해서 그것보다 더 탁월하고 더 영속적인 무엇인가를 인간에게 보여주는 그 이상의 의미를 절대로 두지 않았다.

176

어떤 행위를 무(無)의 상태로 되돌려 놓으면서도 끊임없이 그 행위를 하는 것은 어디에도 도움이 되지 않는다.

177

만약 우리가 교회에 나가서 영성체를 받고 참회하고 심지어 목사까지 부양하면서도 거짓말과 욕을 일삼고 남을 저주하고 술에 취해 지낸다면, 거기에 무슨 혜택이 있겠는가? 그리고 규칙적으로 기도를 올리고 가난한 사람들에게 구호금을 주면서도 그와 동시에 여전히 탐욕스럽고, 불결하고, 거만하고, 앙심을 품고, 허영심 강하고 게으르다면, 거기에 또 무슨 선이 있겠는가?

178

전자의 행위들이 후자의 행위들을 용서하거나 상쇄할 수 있을까? 신의 법을 어기는 일이 벌어지고 있는데, 과연 신이 제대로 섬김을 받고 있다고 생각할 수 있을까? 알맹이보다 껍데기가 훨씬 더 많은 때에, 신이 제대로 대접을 받고 있다고 생각할 수 있을까?

179

형식적인 숭배를 외적으로 행하는 경우에 도덕적 의무의 위반이 용서받을 수 있다고 생각하는 것은 대단히 위험한 실수이다. 그 외적 형식이 인간의 발명품일 때, 특히 더 위험하다.

180

우리의 신성한 구세주가 유대인들 앞에서 그의 어머니와 형제들과 자매들은 곧 하늘에 계신 그의 아버지의 뜻을 행하는 이들이라고 말했을 때, 그는 그 문제를 적절히 제시하고 그에 대한 대답까지 명쾌하게 내놓았다.

16. 정의의 이점

181

정의는 사회의 위대한 버팀목이다. 그것이 모든 사람들에게 그들의 소유물을 지켜주는 안전 장치의 역할을 하기 때문이다. 정의가 침해당하면, 안전은 절대로 불가능하다. 그러면 모두가 혼란에 빠져 허둥대며 안전을 회복하려 노력하게 된다.

182

상업에서, 정직한 인간은 약속이 반드시 지켜질 것이라고 보장하는 최고의 보증서이다.

183

그러나 많은 사람들은 단지 정직할 필요가 있다는 이유로 정직하다. 또 다른 사람들은 똑같은 이유로 정직하지 않다. 그런 이유로 "정직한" 사람에게는 특별히 감사할 것이 없으며, 그런 이유로 부정직한 사람은 동정의 대상이 되어야 한다.

184

그러나 이익을 추구하느라 부정직한 사람은 강도나 다름없으며 많은 사람들을 위한 경고로서 처벌되어야 한다.

185

정말로, 도덕적으로 비난 받지 않을 상인이 무척 드물며, 그 같은 사실은 거래 자체를 어렵게 만들고, 도덕적인 사람들에게 큰 유혹으로 작용한다.

186

상인들은 자신이 마땅히 받아야 할 것이 무엇인지를 생각하지 않고, 받을 수 있는 것이 무엇인지를 생각한다. 결함이나 손상은 최대한 감춘다. 얼토당토않은 허풍이 나오고, 부당한 이득을 위해서 구매자의 무지나 곤경을 이용한다.

187

이런 사람들은 목적을 위해서 약속을 지키는 사람들이며, 그들은 단지 재판관에 대한 두려움 때문에 올바를 뿐이다.

188

그런 태도는 도덕적 정직이 아니라 정치적 정직이며, 선택된 정의가 아니라 강요된 정의이다. 속담도 있듯이, 강요된 인내에는 감사할 것이 전혀 없다.

189

그러나 모든 불공평한 행위들 중에서 가장 해로운 것은 법의 이름으로 행해지는 것들이다. 웨스트민스터 홀(영국 국회 의사당)에서 벌어지는, '소매치기'나 다름없는 행위는 나머지 모든 것을 능가한다. 법이 처벌 대상이었던 것을 옹호하는 곳에서, 불공평이 탄압으로 바뀌기 때문이다.

17. 질투

190

질투심 강한 사람은 타인들에게 성가신 존재일 뿐만 아니라, 자신에게도 고통을 안긴다.

191

질투심은 영혼에서 벌어지는 일종의 내전이다. 거기서는 판단력과 상상력이 영원히 다투고 있다.

192

마음에서 벌어지는 이 내분도 육체의 내분과 마찬가지로 심각한 무질서를 야기하고 모든 것을 황폐화시킨다.

193

질투가 나아가는 길에는 어떤 것도 안전하게 서 있지 못한다. 본성과 관심, 신앙 등 모든 것이 질투의 격한 광기에 굴복하고 만다.

194

질투는 계약을 깨뜨리고, 사회를 해체시키고, 결혼생활을 파괴하고, 친구들과 이웃들을 배신한다. 질투심 강한 사람의 눈에는 누구도 선할 수 없으며, 모두가 그 사람에게 고약한 짓을 하고 있거나 도모하는 것처럼 보인다.

195

질투심이 물어뜯는 곳마다, 다소 강한 독이 퍼진다. 질투심은 공상을 사실로 보고한다. 따라서 질투심은 타인들을 괴롭히는 것 못지않게 본인도 자주 어지럽힌다.

196

질투의 원천은 죄책감 또는 사악한 천성이다. 질투는 투사를 통해서 자신의 결점을 타인의 결점으로 여긴다. 황달에 걸린 사람이 타인을 보고 누렇다고 생각하는 것이나 다를 바가 없다.

197

질투심 강한 사람은 타인을 볼 때 그 사람에게서 오직 자신의 이미지만을 보면서, 자신의 성격을 타인의 성격으로 돌린다.

18. 거드름

198

공무(公務)는 사랑하지만, 직위에 수반되는 거드름은 사랑하지 않는
다. 공무는 유익하지만, 거드름은 부적절하다.

199

외적 거드름은 비용이 들 뿐만 아니라 거기에 따른 문제도 현실에
나타나지만, 거기에 따른 이점은 상상에 불과하다.

200

게다가, 그런 거드름은 우리를 실제보다 더 높은 인물로 치켜세우며
우리가 부적절한 행동을 하도록 유혹한다.

201

그런 경우에, 아주 사소한 것이라도 제대로 챙겨지지 않거나 생략되
기라도 하면, 우리는 불쾌해 하며 자신이 제대로 대접 받지 못하고
있다고 생각하지만, 그런 것은 공무의 진정한 봉사와 아무런 관계가
없다. 혹은 우리는 거드름을 부릴 수단을 더 많이 갖고 있다는 이유
로 자신을 타인들보다 더 탁월한 존재로 여긴다.

202

그러나 이런 일은 모두 진정하고 설득력 있는 위엄에 수반되어야 하는 지혜를 결여한 탓에 일어난다.

203

무분별한 대화로 스스로를 깎아내리지 않는 사람은 어디서든 자신의 가치를 충분히 드러낸다.

204

그것을 넘어서는 모든 것은 진정한 위엄이 아니라 겉치레이다.

19. 훌륭한 종업원

205

진실한 종업원과 훌륭한 종업원은 동일하다.

206

그러나 고용주를 속이는 종업원은 주인에게 절대로 진실하지 않다.

207

오늘날 고용주를 속이는 길은 다양하다. 돈뿐만 아니라, 시간과 정성, 수고, 존경, 명성으로도 속일 수 있다.

208

일을 게을리하는 종업원들은 고용주를 강탈하고 있다. 고용주가 종업원들이 최선을 다하는 것을 기준으로 급여를 책정하기 때문이다. 사장이 자리를 비울 때에도 사장이 자리를 지킬 때나 똑같이 부지런히 일하지 않는 종업원들은 진실한 사람으로 여겨질 수 없다.

209

판매자와 이익을 나눠 가질 목적으로 재화를 높은 가격에 구입하는 종업원도 마찬가지로 진실하지 않다.

210

업무상 기밀을 외부 사람들과 공유하거나, 고용주의 이름으로 나쁜 짓을 하거나, 동료들의 나태나 낭비, 불명예스러운 행동에 눈감는 종업원들도 진실하지 못하다.

211

신뢰할 만한 종업원은 부지런하고, 비밀을 지키고, 존경할 만하다. 그들은 자기 이익보다 고용주의 명예와 이익을 더 소중하게 여긴다.

212

그런 종업원들은 좋은 대우를 받을 자격을 갖추고 있으며, 그들이 자신의 강점에 대해 겸손한 모습을 보이더라도, 고용주는 관대한 마음으로 그들의 강점을 크게 부각시켜야 한다.

20. 부의 추구

213

필요하지 않은 것을 간절히 바라며 얻지 못해 괴로워하는 것은 타락한 마음 상태를 보여준다.

214

일부 사람들은 부자가 되고 싶어 하는 욕망을 살고자 하는 욕망만큼이나 강하게 보이고, 과잉에 대한 갈망을 생존에 대한 갈망만큼이나 강하게 보인다.

215

그러나 소유물이 늘어날수록 탐욕이 더 강해지는 것은 섭리를 왜곡하는 것이다. 대부분의 사람들이 그 부 때문에 영적으로 더욱 나쁜 상태에 빠지니 말이다.

216

그러나 나이 많은 사람들이 더 많은 것을 원하는 모습은 이상하다. 대체로 돈이 무덤에 가장 가까이 다가선 사람들의 근처에 있으니 말이다. 마치 돈을 향한 애착이 그것을 즐길 수 있는 시간과 반비례라도 하듯이. 그럼에도 노인들의 쾌락에는 즐거움이 전혀 없다. 사용하지 않는 것을 즐길 수 있는 길은 절대로 없기 때문이다.

217

그러다 보니 노인들은 언젠가는 넘겨줘야 할 부를 쉽게 놓는 방법을 배우지 못하고, 부에 오히려 더 강하게 집착한다. 이 같은 사실은 일부 사람들의 본성이 얼마나 심하게 타락했는지를 잘 보여준다.

218

자비가 부의 증가와 조화를 이루며 더욱 커지는 곳에서, 근면이 축복을 받는다. 그러나 더 많은 것을 얻기 위해 노예처럼 일한 다음에 그 부를 인색하게 지키는 것은 섭리를 거스르는 죄이며, 통치에 악의 요소로 작용하고, 타인들에게 해를 입히는 짓이 된다.

219

어떤 사람들은 수입의 5분의 1 미만을 지출하면서도 궁핍한 사람들을 위해서는 그 지출의 10분의 1도 내놓지 않는다.

220

이것은 최악의 우상 숭배이다. 거기에 종교가 전혀 있을 수 없고, 그것을 무지로 변명할 수도 없으며, 그것이 일정 몫을 가져야 할 타인들에게 해를 끼치기 때문이다.

21. 세속의 부의 공익성

221

우리에게 주어진 것들 중에서 공중(公衆)이 몫을 요구할 수 없는 것
은 거의 없다. 그러나 우리의 것이라고 부르는 모든 것들 중에서 특
히 세속의 부와 관련해서, 우리는 신과 공중에게 가장 무거운 책임
을 져야 한다. 이 점에서 보면, 우리는 단지 청지기일 뿐이며, 우리 자
신을 위해 부를 축적하는 것은 배은망덕한 짓일 뿐만 아니라 대단히
부당한 처사이다.

222

우리 모두가 공익을 돌보는 사람이 되어 소득과 비용의 과잉을 사회
의 긴급한 필요에 지원한다면, 세금에도 종지부를 찍고, 걸인도 없앨
것이며, 국가의 교역을 위해서 유럽에서 가장 큰 은행을 설립할 수도
있을 것이다.

223

첫머리부터 잘못 시작하는 것은, 비록 우리가 그렇게 보지 않으려 할
지라도, 약점일 뿐만 아니라 우리에 대한 어떤 심판이다.

224

만약 우리가 납부하는 세금이 화려한 과시를 없애기 위한 것이라면, 정부가 그런 과시에 대해 세금을 물리는 경우에, 틀림없이 과시가 크게 줄어들 것이다.

225

너무나 많은, 합법적이고 유익한 것들에 세금을 물리면서도 화려한 과잉이 우리 사회를 멋대로 지배하도록 내버려두는 이유가 무엇인지, 나는 이해가 되지 않는다.

226

그러나 사람들은 신의 법보다 인간의 법을 더 무서워한다. 인간의 법에 의한 처벌이 가장 가까운 것처럼 보이기 때문이다. 그러기에 나는 입법자들이 그런 과잉을 허용하면서도 아무런 처벌을 받지 않고 용서 받는 이유를 도무지 모르겠다.

227

우리의 고귀한 영국 조상들은 이 악을 너무나 잘 알았다. 그래서 그들은 사람들의 겉꾸밈을 금지하거나 적어도 제한하는, '사치 금지법'이라 불리는 몇 가지 탁월한 법을 만들었다. 이 법들을 집행하는 것이 우리의 이익이나 명예와 부합하기 때문에, 그것들을 무시하는 것은 우리에게 불명예와 손실을 안길 것임에 틀림없다.

228

화려한 겉치레와 과잉에 대해 벌금을 물리는 것이 당연히 정부를 뒷받침하는 데 도움이 된다. 그렇게 하지 않을 경우에 정부가 불가피하게 겉치레와 과잉 때문에 피해를 입게 되기 때문이다.

229

일부 사람들은 그 같은 조치가 교역을 망치고 가난한 사람들을 사회의 짐으로 만들 것이라고 말하지만, 만약 그런 교역이 결과적으로 왕국을 망칠 것이라면, 지금이야말로 교역을 파괴해야 할 때가 아닌가? 절제가 우리의 의무가 되어야 하지 않는가? 그리고 자제가 정부의 적이 되어서는 안 되지 않는가?

230

수단과 방법을 가리지 않고 돈을 버는 사람은 유다[22] 같은 사람이다.

231

국민을 허약하게 만들고 왕국의 오랜 규율을 위반하는 어떤 교역에 눈을 감는 것은 중대한 범죄이다. 그것은 행정장관에 의해 용서될 것이 아니라 엄격히 처벌되어야 한다.

---

22 '마태복음' 26장 15절을 보면, 예수의 12제자 중 하나인 유다가 은 30냥에 예수를 배반한다.

232

가난한 사람들을 위한 일자리로 사치품을 생산하는 것보다 더 나은 것은 전혀 없단 말인가? 정말 비참한 나라로구나!

233

이런 바람직하지 않은 일을 할 수 밖에 없는 상황에 처하기 전에, 가난한 사람들은 무엇을 했는가? 영국에 경작할 땅이 충분하지 않았는가? 그들이 생산할 수 있는, 진정으로 유익한 재화들은 없는가?

234

그들이 불필요한 사치품을 생산하지 않고 교역을 증대시키도록 할 일자리가 우리 플랜테이션에는 전혀 없는가?

235

요약하면, 화려한 외양과 과잉에 대해 적절히 세금을 부과하라. 그 같은 조치가 국민을 구제한다면, 그것은 왕국을 보존하는 데도 도움이 될 것이다.

22. 허영

236

허영심 강한 사람은 역겨운 인간이다. 그런 사람의 내면은 자신에 대한 생각으로 꽉 차 있기 때문에, 거기에는 대단히 선하고 가치 있는 것조차도 들어설 자리가 전혀 없다.

237

그런 경우에, 가는 곳마다 이것을 하거나 저것을 할 수 있는 사람은 언제나 '나'이다. 그리고 허영심 강한 사람은 모든 비교에서 자신을 최고로 여기기 때문에, 틀림없이 자신이 모든 사람들을 능가한다고 생각한다. 속담 그대로, 그의 거위는 모두 백조다.

238

자기 자신에 대해 그런 식으로 크게 오해하는 사람들은 틀림없이 동정의 대상이 되어야 한다.

239

그럼에도, 나는 그런 사람들이 어떤 뜻에서는 행복하다고 가끔 생각한다. 그들이 타인의 존경을 받지도 않고 받을 자격도 갖추고 있지 않음에도 불구하고, 그 어떤 것도 그들을 무안하게 만들지 못하니 말이다.

240

그러나 그와 동시에, 그들이 그런 터무니없는 성향 때문에 스스로 야기하거나 타인들로부터 받게 되는 정신적 타격을 느끼지 못하는 것은 아닌지, 혹은 그들이 타인들까지 얼굴을 붉히게 만드는 그 무분별한 자신감에 대해 조금이라도 의문을 품고 있는지 궁금해진다.

241

바보스런 존재가 되는 것만으로도 충분히 나쁜 일인데, 허영심 강한 사람은 모두의 놀림감이다.

242

이런 어리석은 성향은 무지와 확신과 자만심의 결합에서 생겨난다. 자만심이 어느 정도이냐에 따라서, 그 성향은 다소 불쾌하거나 재미있어진다.

243

그럼에도, 이 허영의 가장 심각한 부분은 그것을 가르칠 수 없다는 사실에 있다. 허영에게 무슨 말이든 해 보라. 그것을 허영은 이미 오래 전부터 알고 있다. 허영은 정보와 가르침을 앞지른다.

244

이와 반대로, 훌륭한 이해력을 갖춘 사람들은 의심하는 마음을 강하게 품고, 언제든 배울 준비가 되어 있으며, 자기 자신에 대해 별로 만족하지 않으며, 다른 사람들에 대해서도 마찬가지로 그런 식으로 생각한다.

245

그런 사람들은 보다 높은 토대 위에 올라서서 이웃 사람들보다 더 멀리 보고 있을지라도, 자신이 보는 것들 때문에 여전히 겸허한 모습을 보인다. 왜냐하면 앞으로 활짝 펼쳐지는 광경이 그들의 손길이 닿을 수 있는 것보다 훨씬 더 높은 무엇인가를 보여주기 때문이다.

246

진실로 말하건대, 분별력은 겸손한 상태에 있을 때 가장 위대한 아름다움으로 빛난다.

247

겸손하고 유능한 사람은 왕국만큼의 가치를 지니는 보석이다. 그런 사람은 종종 왕국을 구한다. 솔로몬의 가난한 현자가 그 도시를 구하였듯이.

248

그런 사람들을 더 많이 두거나, 그런 사람들을 덜 필요로 하기를!

23. 종교 관행의 일치

249

양심이 국교회의 관습을 지키는 것을 금지하지 않을 때, 그 관습을 따르는 것은 합리적이다. 법과 관습을 따르고 지키는 것이 적어도 시민의 미덕이니까.

250

그러나 일치는 근본적인 것들에 한해서만 요구해야 한다. 나머지에 대한 일치는 사회를 깨뜨리는 덫이나 유혹이 될 수 있다.

251

무엇보다, 도덕적으로 무관한 일들에서까지 일치를 요구하는 것은 종교와 통치에서 하나의 약점으로 작용한다. 그런 일이 일어나는 경우에 사람들이 양심의 가책을 느끼도록 만드는 상황이 벌어지고, 그런 일치의 대가로 치르게 되는 것이 언제나 자유이기 때문이다.

252

그런 순응주의자들은 자랑할 것이 거의 없으며, 따라서 그들에게는 더 큰 자유를 누리는 사람들을 나무랄 근거가 별로 없다.

253

그럼에도 내가 사랑하는 자유주의자는 오직 사랑 속에서 종교적 자유를 소중히 여기는 사람이다. 내가 권하는 자유는 판단에서 회의론은 절대로 아니며, 실천에서는 더더욱 회의론이 아니다.

24. 위대한 인간들이 전능한 신에게 지는 의무

254

신의 선량에 의해서 타인들과 뚜렷이 구별되게 된 사람들은 신의 은혜에 대한 보답을 통해서 신 앞에 스스로를 두드러지게 드러내는 것이 합당하다.

255

신이 모든 민족을 같은 피로 만들었을지라도 모두에게 동일한 명예를 부여하지 않고 다양한 등급과 종속 관계를 창조했기 때문이다.

256

위를 올려다보면, 하늘에서 그 같은 사실이 확인된다. 거길 보면 행성들이 다양한 밝기를 자랑하고 있으며, 다양한 크기와 광도의 별들이 있다.

257

땅에서는, 개잎갈나무에서 찔레나무에 이르기까지 다양한 나무들에서, 물에서는 거대한 바다 괴물에서부터 작은 물고기에 이르기까지 다양한 물고기들에서, 공중에서는 독수리에서부터 참새에 이르기까지 다양한 새들에서, 그리고 사자에서 고양이에 이르기까지 다양한 짐승들에서, 왕에서 거리의 청소부에 이르기까지 다양한 인간들에서도 그것이 확인된다.

258

위대한 사람들은 그 현명한 세상의 '고안자'에 의해서 종교적, 도덕적, 정치적 행성이 되도록 설계된 것이 틀림없다. 그들의 과업은 자신의 종(種)에 속하는 낮은 계층의 집단에게 가르침과 본보기로 빛과 방향을 제시하는 것이다.

그들은 수고에 대한 대가를 꽤 잘 받고 있다. 동료들로부터 존경과 섬김을 받고, 그들의 몫으로 이 땅에서 가장 훌륭한 것이 제공되고 있으니 말이다.

259

하지만 인간들이 그들을 겸허하게 만들어야 할 신의 호의를 자랑으로 여기는 것은 이해하기 힘든 어리석음이 아닌가? 혹은 인간들이 자신을 평균 이상으로 높이 올려주신 그분을 높이 평가하지 않고 엉뚱하게도 자신을 높이 평가하는 행태는 어떤가? 또는 인간들이 신의 특별한 호의에 대한 대가로 지금처럼 삶을 생각 없이 살고 있는 것은 또 어떤가?

260

그러나 부와 탁월의 획득과 활용에 있어서 우리가 자기 자신보다 조금도 더 멀리 생각하지 않는 것은 너무도 우리답지 않은가? 그런데 어쩌나, 부와 탁월이란 것이 하늘이 우리의 지혜와 관용과 감사하는 마음을 시험하기 위해 허용한 승진과 비슷한 것이니!

261

신이 다른 사람들을 배제하고 특별히 우리에게만 준 시간과 권력과 부를 훌륭한 청지기로서 위대한 '은인'을 명예롭게 하거나 동료 인간들의 이익을 추구하는 쪽으로 사용하지 않고, 우리의 야비한 감정을 만족시키는 데 허비하는 것은 신의 섭리의 뒤에 자리 잡고 있는 목적을 위험하게 왜곡하는 짓이다.

262

그 같은 처사는 부당하기도 하다. 보다 높은 등급의 인간들은 단지 부족한 인간들을 위해서, 하늘의 위임을 받은 보관자에 불과하기 때문이다. 부족한 사람들에게는 예외 없이 보살핌과 지원을 요구할 권리가 있다. 미성년자들이 보호자의 보살핌을 받아야 하듯이.

263

신이 일부 사람들에게 그들의 형제자매보다 더 높은 등급을 부여했을지라도, 그것은 절대로 그들의 즐거움을 충족시키기 위한 것이 아니다. 그것은 그들이 대중에게 봉사하는 데서 즐거움을 누리도록 하기 위함이다.

264

그들이 생필품을 마련하느라 끙끙거리는 일이 없도록 탁월성을 부여받은 것은 틀림없이 그런 것을 위해서다. 그들이 다른 사람들을 돌볼 시간과 능력을 더 많이 누리고 있으니 말이다. 탁월한 사람들이 신의 관대함을 이런 식으로 쓰지 않을 때, 그들은 틀림없이 소중한 것을 횡령하고 낭비하고 있다.

265

세상의 놀라운 불평등을 관찰하면서, 나는 한 사람이 너무나 많은 동료 인간들의 시중을 받고 있다는 사실에 충격을 받는다. 그 동료 인간들도 마찬가지로 구원 받아야 할 영혼을 갖고 있는데도. 그런 시중도 꼭 필요한 노동을 위해서가 아니라 신분과 과시를 위해서 벌어지고 있다. 틀림없이, 그것은 그 사람의 돈을 그릇되게 쓰는 것이고, 그의 시간을 더욱더 그릇되게 쓰는 것이다.

266

한 사람이 단순히 종자(從者)를 거느리기 위해서 그렇게 많은 사람들에게 불필요한 일을 주거나, 더 정확히 말해 그들을 일에서 배제시키는 것은 종교와 통치 양쪽 모두에서 크게 비난 받아 마땅한 경솔이고 사치이다.

267

그러나 허용할 수 있는 하인의 시중일지라도, 시중드는 사람을 거느린다는 사실 자체가 당신 자신을 겸허하게 만들 수 있어야 한다. 그러면 탁월한 당신은 당신의 상황을 매우 유리하게 만든 그분에게 감사하는 마음을 품을 것이고, 그로 인해 당신은 같은 인간들에 대해 지배권을 행사하는 일에서도 자제력을 발휘할 것이다.

268

가엾은 아메리카 원주민들은 우리 서양인이 집안의 누군가를 "하인"이라고 부르는 소리를 들으면 이렇게 외친다. "뭐라고? 형제를 하인이라고 부른다고? 우리는 돼지를 하인이라고 부르지만, 사람은 절대로 하인이라 부르지 않아!"

틀림없이 이런 도덕은 우리에게 전혀 해를 입히지 않는다. 그것은 우리의 거만을 죽이고, 우리의 허식을 약화시키고, 섬김을 받으려는 기대를 접도록 가르친다.

269

이 과잉들에 대해 지금까지 한 말은 덜 가진 사람들에게 형편없는 본보기를 제시하며 그들로부터 연금을 강탈하는 다른 종류의 사치에도 그대로 적용된다.

270

전능하신 신이시여, 당신의 탁월한 선량의 의미와 선량의 진정한 목표를 지체 높은 사람들의 가슴에 심어주소서! 그들이 행동을 통해서 스스로 두각을 나타내도록 하시고, 그렇게 함으로써 그들에게 관대

하게 축복을 내린 신을 영광스럽게 하고 동료 인간들을 위하도록 해
주소서!

25. 타인의 행동 또는 동기에서 결점 찾기

271

정치인들이 타인들에게서 결점을 발견하는 데 뛰어난 것 같지만, 그들은 실은 화살을 마구잡이로 쏘아대는 데 뛰어날 뿐이다.

272

그것은 그야말로 운이고 우연이다. 인간의 행위의 진짜 원천은 우리의 가슴만큼이나 눈에 보이지 않기 때문이다. 우리의 생각과 다양한 관심도 마찬가지이다.

273

자기 자신을 바탕으로 타인을 판단하는 사람들은 종종 과녁을 놓친다. 왜냐하면 모든 사람이 다 다른 능력과 열정, 관심사를 갖고 있기 때문이다.

274

유능한 사람이 다소 능력이 떨어지는 사람들의 행동을 보고 그들이 그런 식으로 행동하는 이유를 자신을 바탕으로 판단한다면, 그 사람은 언제나 과녁을 놓칠 것이다. 그럴진대, 평범한 능력의 소유자가 유능한 사람들의 동기를 이해한다고 단정한다면, 그 사람의 판단은 과녁을 훨씬 더 많이 벗어날 것이다.

유능한 사람은 타인들이 실제보다 더 현명하다고 생각하면서 자신을 기만한다. 평범한 사람은 유능한 사람들이 그렇게 행동하는 이유를 판단할 수 있다고 생각하면서 자신이 실제보다 더 현명한 존재라고 단정한다.

275

타인의 동기를 판단하는 것은 한마디로 말해 숲속이나 미로를 헤매는 것과 비슷하다. 세상에 그것보다 더 불확실한 일은 없다. 우리가 그런 식으로 판단하는 때보다 우리 자신을 더 자주 속이게 되는 일도 없다.

276

그런 경향에 수반되는 문제는 많고 또 위험하다. 사람이 스스로를 잘못 이끌고, 그릇된 판단을 바탕으로 행동하고, 종종 해로운 실망을 겪게 되기 때문이다.

277

그런 경향은 상업에서 모든 신뢰를 배제하고, 실제 행동에서 원칙 같은 것을 전혀 허용하지 않으며, 모든 사람이 겉으로 드러나는 것과 다른 이유로 행동한다고 추정한다. 세상에 솔직함이나 정직 같은 것은 없다고, 모든 것은 진실이 아니라 속임수라고 단정하는 것이다.

278

그런 경향이 있는 사람들은 다른 사람의 성격이나 신앙이 진실할 수 있다는 사실을 받아들이지 못하며, 언제나 세속적 계략이나 이점을 모든 일의 숨은 동기로 본다.

279

그런 경향의 불확실성과 무자비함을 온전히 다 표현하기는 어려우며, 거기에는 선행보다 허영이 더 많다.

280

이 어리석은 특성에 대해 아직도 할 말이 많지만, 이것으로도 충분할 것 같다.

26. 자비

281

자비는 다양한 의미를 지니지만, 모든 의미에서 탁월하다.

282

첫째, 자비는 가난한 사람들과 운이 덜한 사람들에게 동정심을 표현한다. 자비는 그런 사람들의 처지를 향상시키기 위해서 도움의 손길을 내민다.

283

이런 감정을 전혀 느끼지 못하는 사람들은 인간 종(種)과 기껏해야 부분적으로만 연결되어 있을 뿐이다. 틀림없이, 그들이 인간 존재가 되는 데 근본적인 부분인 가슴을 갖고 있지 않기 때문이다.

284

인간이면서도 혈육의 곤궁이나 결핍에 대해 아무런 감정도 느끼지 못하다니! 차라리 괴물이 더 낫지! 그런 인간이 세상에 부자연스런 종족을 번식시키는 것이 절대로 허용되지 않기를.

285

그런 무자비함은 최선의 획득을 훼손시키고, 십중팔구 가진 자들을 저주할 것이다.

286

절망에 빠진 동료의 외침에 귀를 닫는 사람은 신이 자신의 기도를 들어줄 것이라고 기대하지 못한다.

287

신이 가난한 사람들을 우리에게 보내는 것은 그들의 처지를 통해 그들을 시험할 뿐만 아니라 우리의 가슴까지 시험하기 위해서이다. 신으로부터 받은 엄청난 양 중에서 작은 부분을 가난한 사람들에게 내놓기를 거부하는 사람들은 자신의 후손을 위해서 빈곤을 축적하는 것이나 마찬가지이다.

288

나는 이런 선행들이 칭찬받을 만하다고 말하지는 않을 것이지만, 우리의 자비가 보상 없이 그냥 흘러가는 일은 절대로 없을 것이라고 감히 말한다.

그럼에도 겸손을 지키기 위해서, 우리는 관용을 베풀 때에도 단지 사용되거나 베풀도록 우리에게 주어진 것을 다시 줄 뿐이라는 점을 기억해야 한다. 우리라는 존재 자체가 우리의 것이 아니라면, 신이 우리에게 맡긴 것은 더더욱 우리의 것이 아니지 않는가.

289

둘째, 자비는 사물들이나 사람들을 최대한 선의로 해석한다. 자비는 악한 구석을 찾거나 다른 사람들에 대해 나쁘게 말하거나 다른 사람들의 평판을 해치기는커녕, 죄를 용서하고, 실패에 관대하고, 모든 것을 최대한 이용한다. 자비는 모든 사람을 용서하고, 모든 사람을 섬기고, 끝까지 희망을 놓지 않는다.

290

자비는 극단적인 것을 완화시키고, 언제나 화해를 추구하고, 차이를 조정하기 위해 노력한다. 자비는 복수를 하느니 차라리 고통을 당할 것이며, 마지막 한푼까지 강요하는 것과는 거리가 너무나 멀기 때문에 자신의 것을 강제로 찾아 나서느니 차라리 잃고 말 것이다.

291

자비는 자유롭게 활동하고 또 열정적으로 활동한다. 자비는 언제나 누구든지 이롭게 하고 아무에게도 해를 끼치지 않는다.

292

자비는 불화를 퇴치하는 보편적인 치료이며, 인간애를 위한 신성한 끈이다.

293

마지막으로, 자비는 신을 향한 사랑이고, 형제자매들을 향한 사랑이

다. 자비는 영혼을 세속적인 모든 고려사항들보다 더 높이 끌어 올린
다. 자비는 이 땅에서 천국의 향기를 풍긴다. 이 땅에서 진정으로 자
비로운 사람들에게, 자비는 자비로 충만한 내세의 천국이다.

294

이것이 자비가 지닌 가장 숭고한 의미이며, 모두가 보다 탁월한 삶의
길로서 그런 자비를 추구해야 한다.

295

아니, 그것이 가장 탁월한 길이었다. 그 위대한 사도가 기독교인들
(외적인 선물과 교회의 의례에 쉽게 집착한다)에게 보다 탁월한 길
이 믿음과 소망과 자비라는 것을 발견했고, 그 중에서도 가장 중요한
부분을 자비로 여겼기 때문이다. 자비가 나머지 모든 것보다 더 오래
지속되고 영원히 남을 것이라는 이유에서였다.

296

가장 낮은 차원의 자비조차 실천하지 않는 사람은 진정으로 선한 기
독교인이 절대로 될 수 없지만, 궁핍한 사람들에게 베푼다고 해서 앞
의 그 사도가 말한 진정한 기독교인이 되는 것은 아니다. 그 사도의
말에 따르면, 우리가 모든 재화를 가난한 사람들에게 다 나눠준다 하
더라도 (보다 고상한 차원의) 자비를 결여하고 있다면, 그 같은 행위
는 우리에게 아무런 가치를 지니지 못한다.

297

아니, 우리가 모든 언어를 다 말할 줄 알고, 모든 지식을 두루 다 갖추고 있고, 심지어 예언 능력까지 갖추고 있어 다른 사람들에게 설교를 하는 사람이고 육신을 화형에 내맡길 정도로 충분한 열의를 갖고 있다 할지라도 진정한 자비를 결여하고 있다면, 그 같은 사실은 우리를 구원하지 못할 것이다.

298

신과 우리 형제자매들을 향한 진정한 사랑이 구세주의 '꼭 필요한 단한 가지'(unum necessarium)였던 것 같다(그리고 그것은 우리의 것도 되어야 한다). 우리의 구세주는 그것을 언니 마르타(Martha)가 아니라 동생 마리아[23]의 특성으로 돌렸다. 마르타는 낮은 의미의 자비를 많이 베풀었던 것 같다.

299

이 신성한 미덕이 인류, 특히 스스로 기독교도라고 주장하는 사람들 사이에 더 많이, 또 더 널리 퍼지기를. 그러면 틀림없이 우리는 갈등보다 신앙심에 초점을 맞출 것이며, 서로를 자기 마음대로 판단하거나 괴롭히지 않고 사랑과 동정을 보일 것이다.

---

23 '누가 복음' 10장 38-42절 참조. 거길 보면, 예수 그리스도가 마리아와 마르타라는 자매의 집을 방문하는데, 이 마리아는 그리스도의 어머니 마리아와 다른 인물이다.

옮긴이의 말

내면의 빛을 따라 산다는 것

미국 펜실베이니아 식민지 개척자이자 독실한 퀘이커교 신자였던 윌리엄 펜이 태어나기 전 100년 이상 동안, 잉글랜드는 가톨릭 지도 자들과 프로테스탄트 지도자들이 서로를 박해하며 극심한 종교적 편협을 보이고 있었다. 정치적 흐름 또한 격랑을 거세게 일으키고 있었다.

윌리엄 펜의 아버지 윌리엄 펜 해군 제독이 당시 잉글랜드 국왕이던 찰스 1세와 가까운 사이였기 때문에, 윌리엄 펜의 가족은 그 소용돌이를 피하기 어려웠다.

잉글랜드 내전(1642-1651) 중 올리버 크롬웰이 이끄는 청교도 독립파가 1649년 1월 찰스 1세를 처형할 때만 해도 펜 제독은 계속 해군에서 근무했으나 1655년에 그다지 분명하지 않은 죄목으로 구금되었다. 그는 5주 뒤에 석방되었지만 군에서 은퇴해야 했다. 이어 그는 가족을 데리고 아일랜드로 망명을 떠났다가 아들 펜이 16세 되던 해에 잉글랜드로 돌아왔다.

월리엄 펜이 태어나던 시기의 잉글랜드와 그의 가족의 상황은 그처럼 어수선했으며, 그의 삶도 결코 순탄치 않았다. 그럼에도 그는 늘 자신의 양심을 먼저 돌보았다.

월리엄 펜이 1667년에 퀘이커 교도가 되고 1년 뒤에 『흔들리는 모래 토대』(The Sandy Foundation Shaken)라는 책을 발표했는데, 기독교의 삼위일체 교리를 대중이 알아들을 수 있는 평범한 용어로 설명한 책이었다. 이 책을 읽은 사람들이 그가 예수 그리스도의 신성(神性)을 부정한다고 판단하고 그를 런던 타워에 가두었다. 당시에 퀘이커교 설교자로 제법 인기를 누리던 그는 잘못을 인정하라는 주위의 권유에 "나의 양심은 인간과 아무런 관계가 없다. 이 감옥이 나의 무덤이 될 것"이라고 강하게 반발했다. 그러니까 월리엄 펜이 말하는 고독은 영국과 훗날 아메리카 대륙에서 경험한 대여섯 차례의 구금과 종교적 박해로 인해 강요된 고독을 말한다. 이 책의 내용 중 1부는 1682년에, 2부는 1718년에 각각 발표되었다.

도덕적 원칙에 초점을 맞춘 가운데 삶을 살았던 인물의 글이라서, 이 시대에도 여전히 울림을 주는 글이 많다. 도덕적 기준이 있기는 한가 싶을 정도로 바닥으로 추락해 버린 요즘, 어쩌면 그 울림은 그때보다 더 크게 다가와야 할지 모르겠다. 말이 사태를 일으키는 시대에 누구나 새겨들을 내용이다.

"말을 밖으로 뱉기 전에 두 번 생각한다면, 당신은 말을 두 배로 더 잘할 것이다."

"합당한 근거가 없는 한, 다른 사람을 험담하는 말은 어떤 말이든 믿지 않도록 하라. 다른 사람을 해칠 수 있는 말도, 그것을 숨기는 것이 여러 사람에게 더 큰 피해를 입히지 않는다면 다른 사람에게 옳기지 않도록 하라."

인간의 본성에 대한 통찰도 꽤 깊고 심리학적이다.

"우리는 자신의 잘못을 바로잡기보다는 불평부터 하려 들고, 타인의 잘못을 용서하기보다는 책망부터 하려 든다."

"질투의 원천은 죄책감이나 사악한 천성이다. 질투는 투사를 통해서 자신의 결점을 타인의 결점으로 여긴다. 황달에 걸린 사람이 타인을 보고 누렇다고 생각하는 것이나 다를 바가 없다."

그가 제시하는 올바른 삶의 길은 역시 어려운 길이다.

"대체로 덕이 있는 사람이라는 사실에 만족하지 않도록 하라. 쇠사슬은 고리가 하나만 빠져도 못쓰게 되니까."

종교적 탄압을 받았음에도 글에서 원한의 감정 같은 것이 느껴지지 않아서 좋다. 또 세속적 권력을 상당히 누렸음에도 그 권력으로 인해 타락한 모습을 조금도 보이지 않아서 좋다. 무엇보다 자신의 양심을 지키려는 용기와 인간의 길을 지키려는 노력이 두드러진다. 세상이 아무리 폭력적으로 흐르더라도 기본적으로 평화를 사랑하는 사람은 그래도 인생을 잘 살며 주변 사람들에게 등불이 되어줄 수 있다는 진리를 윌리엄 펜은 글과 행동으로 보여주고 있다.

퀘이커교에서 강조하는 바와 같이, 예수 그리스도와 직접적으로 소통하며 "내면의 빛"에 따라 사는 삶이 진정 어떤 모습인지를 많은 사람들이 엿볼 수 있었으면 하는 바람이다.